VICTOR HUGO ILLUSTRÉ

EN VOYAGE

ALPES ET PYRÉNÉES

V. H.

Librairie du VICTOR HUGO ILLUSTRÉ

13, RUE THÉRÈSE, PARIS

EN VOYAGE

ALPES ET PYRÉNÉES

69

IL A ÉTÉ TIRÉ DE CET OUVRAGE :

20 exemplaires sur papier du Japon. numérotés de 1 à 20
60   —   sur papier de Chine,   —   de 21 à 80
80   —   sur papier vélin teinté. —   de 81 à 160

EXEMPLAIRE N° 82

VICTOR HUGO ILLUSTRÉ

EN VOYAGE

ALPES ET PYRÉNÉES

V. H.

AVERTISSEMENT

Le Voyage aux Alpes, par lequel s'ouvre ce volume, est de 1839, comme le second Voyage au Rhin, dont il est la suite. A part l'épisode des Bateleurs, détaché d'une lettre à Louis Boulanger, il se compose de lettres adressées à Mme Victor Hugo, datées des villes et timbrées de la poste.

Le Voyage aux Pyrénées (1843) est formé d'une manière un peu différente. Comme l'autre, il a été écrit au fur et à mesure, dans les lieux mêmes qu'il dépeint, mais sur des pages d'album que conservait par devers lui le voyageur. Les deux albums qui contiennent ce voyage sont remplis de dessins à la plume reproduits dans la présente édition, et ont pour signets des fleurs et des herbes cueillies dans la montagne ou dans la forêt.

Le Voyage se poursuit ainsi, ininterrompu et complet, jusqu'à Pampelune. A partir de là, nous n'en avons que des chapitres isolés. Le voyageur prenait des notes pour achever à loisir son récit; mais il n'a décrit sur-le-champ que les lieux et les choses qui l'ont le plus vivement frappé.

De retour à Paris, Victor Hugo, après la catastrophe qui avait interrompu si douloureusement son voyage, ne trouva jamais le courage de reprendre et de terminer son récit.

ALPES

—

1839

I

LUCERNE. — LE MONT PILATE

Lucerne. — 10 septembre, minuit.

Je suis arrivé à Lucerne de nuit. Je me suis logé à la pension Lichman, excellent hôtel installé dans une belle vieille tour, à mâchicoulis, ma foi! J'ai soupé, j'ai demandé une chambre, j'ai ouvert ma fenêtre, et je vais probablement passer la nuit à l'écrire, ma chère Adèle, car j'ai la tête pleine de spectacles et le cœur plein de tendresse.

Quand le paysage qui remplit ma croisée ouverte en vaut la peine, j'en fais un croquis et je te l'envoie. Aujourd'hui il est admirable, malgré la nuit, et peut-être en partie à cause de la nuit.

J'ai sous les yeux le lac des Quatre-Cantons, la merveille de la Suisse. L'eau du lac vient jusque sous ma croisée battre doucement les vieilles pierres de la tour. J'y entends sauter les poissons avec un bruit faible. L'obscurité est profonde. Cependant je distingue à ma droite un pont de bois vermoulu à toiture aiguë qui va se rattacher à une grosse tour d'un superbe profil. Des lueurs vagues courent sur l'eau. Quelques hauts peupliers noirs se reflètent dans le lac sombre vis-à-vis de moi, à cinq cents pas de ma tour. Une large brume, versée par la nuit sur le lac, me cache le reste. Cependant elle ne monte pas assez haut pour m'empêcher de voir le développement sinistre du mont Pilate posé devant moi dans toute son immensité.

Au-dessus des trois dents de son sommet, Saturne, avec quatre belles étoiles d'or au milieu desquelles il est placé, dessine dans le ciel un gigantesque sablier. Derrière le Pilate et sur les rives du lac se pressent pêle-mêle une foule de vieux monts chauves et dif-

formes, Titlis, Prosa, Crispalt, Badus, Galenstock, Frado, Furca, Mutthorn, Beckenviederberg, Urahorn, Hochstollen, Rathorn, Thierstock et Brunig. J'entrevois confusément tous ces géants goitreux et bossus accroupis dans l'ombre autour de moi.

De temps en temps le vent m'apporte à travers les ténèbres un bruit de clochettes éloignées. Ce sont les vaches et les chèvres qui errent en secouant leurs grelots dans les pâturages aériens du Pilate et du Rigi, et cette douce musique qui vient jusqu'à moi tombe de cinq ou six mille pieds de haut.

J'ai vu dans ma journée trois lacs, le lac de Zurich que j'ai quitté ce matin, le lac de Zug qui m'a gratifié d'une excellente anguille pour mon déjeuner, et le lac de Lucerne qui vient de me donner à souper avec ses admirables truites saumonées.

Vus à vol d'oiseau, le lac de Zurich a la forme d'un croissant qui appuie l'une de ses pointes à Zurich et l'autre à Uznach, le lac de Zug a la forme d'une pantoufle dont la route de Zug à Art ferait la semelle, le lac des Quatre-Cantons figure jusqu'à un certain point une patte d'aigle brisée dont les fractures font les deux golfes de Brunnen et de Buochs, et dont les quatre ongles s'enfoncent profondément, l'un dans Alpnach, l'autre dans Winkel, le troisième dans Lucerne et le dernier dans Kussnacht, où Tell a tué Gessler. Le point culminant du lac est Fluelen.

Avant de quitter le lac de Zurich, je me suis réconcilié avec lui. C'est qu'il était vraiment beau à voir du haut de la côte d'Albis. Les maisons blanches brillaient sur la rive opposée comme des cailloux dans l herbe, quelques bateaux à voiles ridaient l'eau étincelante, et

2

le soleil levant enlevait l'une après l'autre de la surface du lac toutes les brumes de la nuit, que le vent portait diligemment à un gros tas de nuages amoncelés dans le nord. Le lac de Zurich était magnifique ainsi.

Quand je te dis que j'ai vu trois lacs dans la journée, je suis bien bon, car j'en ai vu quatre. Entre Albis et Zug, au milieu des sierras les plus pittoresques du monde, au fond d'un ravin très sauvage, très boisé et très désert, on aperçoit un petit lac d'un vert sombre qui s'appelle Durlersee et dont la sonde n'a pu trouver le fond. Il paraît qu'un village riverain s'y est écroulé et englouti. La couleur de cette flaque d'eau est inquiétante. On dirait une grande cuve pleine de vert-de-gris. — Mauvais lac! m'a dit un vieux paysan en passant.

Plus on avance, plus les horizons deviennent extraordinaires. A Albis il semble qu'on ait sous les yeux quatre chaînes de montagnes superposées; au premier plan les Ardennes vertes, au second plan le Jura sombre à brusques courbures, au troisième étage les Apennins chauves et abrupts, au fond, au-dessus de tout, les blanches Alpes. On croit voir les quatre premières marches de l'ancien escalier des Titans.

Puis on redescend dans les vallées, on s'enfonce dans les forêts; les branchages chargés de feuilles font sur la route une voûte réticulée dont les crevasses laissent pleuvoir le jour et la chaleur. Quelques rares cabanes montrent à moitié leurs façades de bois blond, ragoûtantes et gaies, avec leurs croisées à vitres rondes qu'on dirait grillées de gros tulle; un paysan bienveillant passe avec son chariot attelé de bœufs; les ravins font de larges coupures dans la futaie, le regard s'échappe par ces tranchées, et, s'il est midi, si le temps est beau, il se fait de toutes parts un magnifique échange d'ombres et de rayons entre le ciel et la terre, les larges rideaux de brume qui pendent sur l'horizon se déchirent çà et là, et, par la déchirure, les montagnes éloignées vous apparaissent tout à coup comme dans un miroir magique au fond d'un gouffre de lumière.

Zug, comme Bruck, comme Baden, est une charmante commune féodale, encore enceinte de tours, avec ses portes ogives blasonnées, crénelées, robustes, et toutes meurtries par les assauts et les escalades. Zug n'a pas l'Aar comme Bruck, Zug n'a pas la Limmat comme Baden; mais Zug a son lac, son petit lac, qui est un des plus beaux de la Suisse. Je me suis assis sur une étroite estacade ombragée de tilleuls, à quelques pas de mon auberge; j'avais devant moi le Rigi et le Pilate, qui faisaient quatre pyramides monstrueuses; deux montaient dans le ciel et deux se renversaient dans l'eau.

Les fontaines de pierre, les maisons peintes et sculptées abondent à Zug. L'auberge du Cerf a quelques vestiges de la renaissance. A Zug la fresque italienne prend déjà possession de presque toutes les murailles. Dans tous les lieux où la nature est très ornée, la maison et le costume de l'homme s'en ressentent; la maison se farde, le costume se colore. C'est une loi charmante. Nos guinguettes de la Cunette et nos paysans-banlieue vêtues de guenilles seraient des monstres ici.

J'ai vu sur une porte à Zug un bas-relief qui représente un troglodyte, avec sa massue. Au-dessous est gravée la date 1482. Sur une autre porte est inscrite cette légende plus engageante que le troglodyte : Pax intrantibus, salus exeuntibus, 1607. (Mon Charlot, explique ce latin à ta bonne mère.)

L'église de Zug est meublée comme une église de Flandre. Les autels à colonnes torses, les lames sépulcrales coloriées et dorées sont appliquées à tous les murs. Un bedeau m'a introduit dans le trésor de l'église qui est splendide et qui regorge d'argenteries et d'orfèvreries, quelques-unes extrêmement riches, quelques-unes extrêmement précieuses. Pour trente sous j'ai vu des millions.

Il y a quinze ans, le chemin de Zug à Art était un sentier impraticable où trébuchait le meilleur cheval. C'est maintenant une grande route excellente, laquelle ne cahote pas même l'omnibus-charrette qui la parcourt avec des cargaisons de voyageurs le sac sur le dos. J'avais loué à Zurich un petit cabriolet à quatre roues qui trottait le plus agréablement du monde sur cette jolie route, ayant des escarpements d'arbres et de rochers à gauche, et à droite l'eau du lac à peine ridée par un souffle.

Le lac est gracieux quand on quitte Zug; il devient superbe quand on approche d'Art. C'est qu'au-dessus d'Art, qui est un grand village du canton de Schwytz, il y a le Rossberg que les gens du pays appellent le *Sonnenberg* (montagne éclairée par le soleil), et le Rigi qu'ils nomment le *Schattenberg* (montagne exposée à l'ombre).

Le Rossberg a quatre mille pieds de haut, le Rigi en a cinq mille. Ce sont les deux plus hautes montagnes de brèche qu'il y ait dans le monde. Le Rossberg et le Rigi n'ont aucun rapport géologique avec les Alpes qui les entourent. Les Alpes sont de granit; le Rigi et le Rossberg sont faits de cailloux roulés dans une fange aujourd'hui plus dure que le ciment, et qui donne aux rochers tombés près de la route un air de pans de murs romains. Ces deux énormes montagnes sont deux tas de boue du déluge.

Aussi il advient parfois que la boue se délaie et s'écroule. Cela est arrivé notamment en 1806, après deux mois de pluie. Le 2 septembre, à cinq heures du soir, un morceau du sommet du Rossberg, de mille pieds de front, de cent pieds de haut et d'une lieue de long, s'est détaché tout à coup, a parcouru en trois minutes une pente de trois lieues et a brusquement englouti une forêt, une vallée, trois villages avec leurs habitants et la moitié d'un lac. Goldau, qui a été broyée ainsi, est derrière Art.

A trois heures, j'entrais dans l'ombre du Rigi,

laissant sur les collines de Zug un soleil éblouissant. J'approchais d'Art et je songeais à Goldau ; je savais que cette jolie ville riante masquait au passant le cadavre de la ville écrasée, je regardais ce lac si paisible où miroitaient les chalets et les prairies. Lui aussi masque des choses terribles. Sous le Rigi il a douze cents pieds de profondeur, et, quand elle est saisie par deux vents violents que les bateliers d'Art et de Zug nomment l'Arbis et le Wetter-Fœhn, cette charmante flaque d'eau devient plus horrible et plus formidable que l'océan.

Devant moi se dressait à perte de vue le Rigi, sombre et immense muraille à pic, où les sapins grimpaient confusément et à l'envi comme des bataillons qui montent à l'assaut.

De tout paysage il sort une fumée d'idées, tantôt douces, tantôt lugubres ; celui-ci dégageait pour moi une triple pensée de ruine, de tempête et de guerre, et me faisait rêver, lorsqu'une jeune fille pieds nus, qui était assise au bord du chemin, est accourue, a jeté en passant trois prunes dans mon cabriolet et s'est enfuie avec un sourire. Pendant que je prenais quelques batz dans mon gousset, elle avait disparu. Un moment après, je me suis retourné, elle était revenue au bord du chemin tout en se cachant dans la verdure, et elle me regardait de ses yeux brillants à travers les saules comme Galatée. Tout est possible au bon Dieu, puisqu'on rencontre des églogues de Virgile dans l'ombre du Rigi.

A cinq heures je sortais de cette ombre du Rigi. J'avais parcouru le coude qui fait le fond du lac de Zug, j'avais traversé Art, et je venais de quitter le bord de l'eau pour une route fort encaissée qui gravit d'un mouvement assez âpre une des croupes basses du mont Rigi. On bâtit à droite et à gauche de cette route quelques maisons neuves d'un goût médiocre. Il paraît que les belles devantures de bois passent de mode ici ; le plâtre parisien tend à envahir les façades. C'est fâcheux. Il faudrait avertir la Suisse que Paris lui-même a honte de son plâtre aujourd'hui.

Tout à coup le chemin devient désert, une masure sort d'une touffe d'arbres sur une petite esplanade. Mon cocher s'est arrêté. J'étais dans l'illustre chemin creux de Kussnacht. Il y avait cinq cent trente et un ans, neuf mois et vingt-deux jours qu'à cette même heure, à cette même place, le 18 novembre 1307, une flèche fermement lancée à travers cette même forêt avait frappé un homme au cœur. Cet homme, c'était la tyrannie de l'Autriche ; cette flèche, c'était la liberté de la Suisse.

Le soleil baissait, le chemin devenait sombre, les broussailles au haut du talus pétillaient dans la vive lumière du couchant ; deux vieux mendiants, l'homme et la femme, qui gardent la masure voisine, tendaient la main à mes sous de France ; un batelier menant un laisse un ours muselé descendait le chemin vers Kussnacht, suivi des cris joyeux de quatre ou cinq marmots émerveillés de l'ours ; mon cocher enrayait sa carriole

et j'entendais le bruit de ferraille que fait le sabot ; deux branches écartées m'ouvraient une fenêtre sur la plaine et je voyais au loin des faneurs bâtir leur meule ; les oiseaux chantaient dans les arbres, les vaches mugissaient dans le Rigi. Moi j'étais descendu de voiture, je regardais les cailloux du chemin creux, je regardais cette nature, sereine comme une bonne conscience. Peu à peu le spectre des choses passées se superposait dans mon esprit aux réalités présentes et les effaçait, comme une vieille écriture qui reparaît sur une page mal blanchie au milieu d'un texte nouveau ; je croyais voir le bailli Gessler couché sanglant dans le chemin creux, sur ces cailloux diluviens tombés du mont Rigi, et j'entendais son chien aboyer à travers les arbres après l'ombre gigantesque de Guillaume Tell debout dans le taillis.

Cette masure, qui est une chapelle, marque la place même où s'est accompli le sublime guet-apens. Excepté la porte, qui est faite d'une vieille membrure d'ogive, la chapelle n'a rien de remarquable. Un intérieur délabré, de misérables fresques sur le mur, un pauvre autel décoré d'une friperie italienne, des vases de bois enluminés et des fleurs artificielles, deux mendiants qui baragouinent et vous vendent pour quelques sous le souvenir de Guillaume Tell, voilà le monument du chemin creux de Kussnacht.

Une madone est sur l'autel ; devant cette madone est ouvert un livre où les passants peuvent enregistrer leurs noms. Le dernier voyageur entré dans la chapelle y avait écrit ces deux lignes qui m'ont plus touché que toutes les déclarations de guerre aux tyrans dont le livre est rempli : — « Je prie humblement notre « sainte mère de Dieu de daigner, par son intercession, « faire recouvrer un peu de vue à ma pauvre femme. » Je n'ai rien écrit sur le livre, pas même mon nom. Au-dessous de cette douce prière la page était blanche. Je l'ai laissée blanche.

De l'esplanade devant la chapelle, on voit un coin du lac des Quatre-Cantons. En me retournant, j'ai aperçu sur une éminence couverte de rochers, au pied du Rigi, un tronçon de tour qui a l'aspect d'un pignon démantelé, et qui sort des broussailles comme une dent. Cette ruine, c'était la forteresse de Kussnacht, le donjon habité par Gessler, le cachot préparé pour Guillaume Tell. Guillaume Tell n'y est pas entré, Gessler n'y est pas rentré.

Un quart d'heure après, j'étais à Kussnacht. L'ours dansait sur la place, les commères riaient aux fontaines, trois chaises de poste anglaises débarquaient devant l'hôtel maniéré et confortable qui dérange les devantures gothiques des cabanes du quinzième siècle. Deux vieilles femmes soignaient des tombes dans le cimetière devant l'église. C'est là que j'ai fait arrêter ma carriole. J'ai visité l'église, insignifiante comme édifice mais très coquette et très ornée.

A Zurich les églises sont nues. Ici, comme à Art, comme à Zug, elles sont parées, et parées avec exagération, avec violence, avec colère. C'est une réaction des églises romaines contre les églises calvinistes; c'est une guerre de fleurs, de volutes, de pompons et de guirlandes que font les cantons catholiques aux cantons protestants.

Les cimetières en particulier sont remarquables. Sur chaque fosse il y a une pierre, et de cette pierre sort une croix rococo en fer ouvragé très vernie et très dorée. L'ensemble de toutes ces croix donne au cimetière l'aspect d'un gros buisson noir à fleurs jaunes.

La route de Kussnacht à Lucerne côtoie l'eau comme celle de Zug à Art. Le lac des Quatre-Cantons est encore plus beau que le lac de Zug. Au lieu du Rigi j'avais devant moi le mont Pilate.

Le mont Pilate m'a occupé toute la journée. Je l'ai rarement perdu de vue dans le trajet de Zurich ici. En ce moment je le distingue vaguement devant ma fenêtre.

C'est une montagne étrange que le Pilate. Elle est d'une forme terrible. Au moyen âge on l'appelait le mont brisé, *Fracmont*. Il y a presque toujours un nuage sur la cime du mont Pilate; de là vient son nom de *mons pileatus*, mont enchapassé. Les paysans lucernois, qui savent mieux l'évangile que le latin, font du mot *pileatus* le nom *Pilatus* et en concluent que Ponce-Pilate est enterré sous cette montagne.

Quant au nuage, au dire des bonnes femmes, il se comporte d'une façon bizarre; présent, il annonce le beau temps; absent, il annonce la tempête. Le Pilate, en géant singulier qu'il est, met son chapeau quand il fait beau et l'ôte quand il pleut. Si bien que cette montagne-baromètre dispense quatre cantons de la Suisse d'avoir à leurs fenêtres de ces petits ermites à capuchons mobiles que fait vivre une corde à boyau. Le fait du nuage est certain; je l'ai observé toute la matinée, pendant quatre heures le nuage a pris vingt formes différentes, mais il n'a pas quitté le front de la montagne. Tantôt il ressemblait à une grande cigogne blanche couchée dans les anfractuosités du sommet comme dans un nid; tantôt il se divisait en cinq ou six petits nuages et faisait à la montagne une couronne d'aigles planant en rond.

Tu comprends qu'un pareil nuage sur une pareille montagne a dû faire naître bien des superstitions dans le plat pays. Le mont est à pic, l'escarpement est laborieux, il a six mille pieds de haut, beaucoup de terreurs entourent le sommet. Aussi a-t-il fait hésiter longtemps les plus hardis chasseurs de chamois. — D'où pouvait venir cet étrange nuage? — Il y a deux cents ans, un esprit fort, qui avait le pied montagnard, s'est risqué et a gravi le mont Pilate. Alors le nuage s'est expliqué.

Sur le sommet même de la montagne il y a un lac, un petit lac, verre d'eau de cent soixante pieds de long, de quatre-vingts pieds de large et d'une profondeur inconnue. Quand il fait beau, le soleil frappe ce lac et en tire un nuage; quand le temps se gâte, plus de soleil, plus de nuage.

Le phénomène expliqué, les superstitions n'ont pas disparu. Au contraire. Elles n'ont fait que croître et embellir. C'est que la montagne visitée n'était pas moins effrayante que la montagne inexplorée.

Outre le lac, on avait trouvé sur le mont Pilate des choses prodigieuses. D'abord un sapin unique dans toute la Suisse. Un sapin colossal qui a neuf branches horizontales et qui, sur chacune de ces branches, porte un autre grand sapin, ce qui doit lui donner la figure d'un créquier gigantesque; puis, dans l'Alpe de Brundlen, qui est la croupe voisine des sept pics du sommet, un écho qui semble plutôt une voix qu'un écho, tant il est complet et tant il répète les paroles jusqu'aux dernières syllabes et les chants jusqu'aux dernières notes; puis enfin, dans un précipice épouvantable, au milieu d'une paroi à pic de roche noire de plus de six cents pieds de haut, la bouche d'une caverne inaccessible, et, à l'entrée de cette caverne, une statue surnaturelle en pierre blanche d'environ trente pieds de haut, assise et accoudée sur une table de granit, jambes croisées, dans l'attitude redoutable d'un spectre qui garde le seuil de l'antre.

Il paraît certain que la caverne traverse toute la montagne et va aboutir de l'autre côté, au dessous de l'Alpe de Temlis, à une ouverture qu'on nomme *le trou de la Lune* (parce que, dit Ebel, on y trouve beaucoup de lait de lune).

Ne pouvant escalader la muraille de six cents pieds de haut, on a essayé de tourner la statue et d'entrer dans son repaire par le trou de la Lune. Ce trou a seize pieds de diamètre dans un sens et neuf dans l'autre. Il en sort un vent de glace et un torrent. C'était déjà fort dangereux. On s'est aventuré pourtant. On a traversé à tâtons des salles voûtées, on a rampé à plat ventre sous des plafonds horribles pêle-mêle avec des ruisseaux. Peines perdues. Personne n'a pu pénétrer jusqu'à la statue. Elle est toujours là, intacte dans le sens étroit du mot, contemplant l'abîme, gardant la caverne, exécutant sa consigne et rêvant de l'ouvrier mystérieux qui l'a taillée. Les gens de la montagne appellent cette figure *saint Dominique*.

Le moyen âge et le seizième siècle ont été préoccupés du Pilate autant que du Mont-Blanc. Aujourd'hui personne n'y songe. Le Rigi est à la mode. Les sombres superstitions du mont Pilate sont tombées dans les bonnes femmes et y croupissent. Le sommet n'est plus redouté que parce qu'il est malaisé d'y monter. Le général Pfyffer y a fait des observations barométriques et affirme qu'avec une lunette on y voit le Munster de Strasbourg.

Une singulière peuplade de bergers s'y est cantonnée et y habite. Ce sont des hommes actifs, forts et simples, lesquels vivent centenaires et méprisent profondément les fourmis humaines qui sont dans la plaine.

Cependant il y a encore à Lucerne de vieilles lois qui défendent de jeter des pierres dans le petit lac qui est au sommet du Pilate, par ce motif fantastique qu'un caillou en fait sortir une trombe, et que, pour une pierre qu'on lui jette, ce lac rend un orage qui couvre toute la Suisse.

Depuis cent ans, tout terrible qu'il est, le mont Pilate s'est couvert de pâturages. Ainsi ce n'est pas seulement une montagne formidable, c'est une énorme mamelle qui nourrit quatre mille vaches. Cela fait un orchestre de quatre mille clochettes que j'écoute en ce moment.

Voici l'histoire de ces vaches des Alpes. Une vache coûte quatre cents francs, s'afferme de soixante-dix à quatre-vingts francs par an, broute six ans dans les montagnes, fait six veaux; puis, maigre, épuisée, exténuée, quand elle a donné toute sa substance dans son lait, le vacher la cède au boucher; elle passe le Saint-Gothard, redescend les Alpes par le versant méridional, et devient bœuf dans la marmite suspecte des auberges d'Italie.

Du reste, si cela continue, le miraculeux mont Pilate se fera prosaïque comme une cathédrale badigeonnée. Une compagnie française a acheté récemment une forêt de mélèzes qui est à une demi-lieue du sommet, y a pratiqué une route carrossable, et à cette heure la commandite tond le géant. — En outre, un guide m'a affirmé à Kussnacht qu'en 1814 un chasseur de chamois, nommé Ignatius Matt, était entré dans la caverne avec des échelles et des cordes, et, *au péril de sa vie*, il est vrai, aurait hardiment abordé la sombre sentinelle de pierre.

Je dois dire qu'une des vieilles femmes du cimetière, qui écoutait l'histoire du guide, a protesté énergiquement, déclarant qu'Ignatius Matt n'était qu'un fat, qu'il s'était vanté d'une bonne fortune impossible et que la statue du *Dominick loch* était encore vierge. — En cette matière, je crois les vieilles femmes.

J'ai fait les trois lieues de Kussnacht à Lucerne en une heure et demie, au grand trot. Je n'en suis pas moins arrivé à Lucerne à la nuit close. Mais la promenade des bords du golfe de Kussnacht au crépuscule est admirable.

En quittant Kussnacht, j'avais les yeux encore fixés sur la ruine de Gessler que déjà j'en rencontrais une autre. C'est le donjon de Neu-Habsbourg, autre nid d'aigles tombé à mi-côte dans les bruyères. Je voyais de la route un grand pan de muraille qui, comme une tête renversée dont les cheveux pendent en arrière, laissait tremper le bout de ses lierres dans l'eau du golfe. En face de moi, les pentes vertes de la Zinne se réfléchissaient avec leur réseau brouillé d'arbres et de cultures dans le miroir du lac déjà sombre et lui donnaient l'aspect d'une agate herborisée. Au pied du Rigi, je ne sais quel reflet renvoyait à l'eau une clarté blanche. Une petite barque qui courait à côté dans une flaque obscure s'y doublait en se reflétant et y figurait une longue épée; la barque faisait la poignée, le batelier, la garde, et le sillage étincelant, la lame fine, longue et nue.

Excepté l'arsenal et l'hôtel de ville, j'ai déjà tout vu à Lucerne.

La ville est bien faite, assise sur deux collines qui se regardent, coupée en deux par la Reuss qui entre dans le lac à Fluelen et qui en sort violemment à Lucerne, murée d'une enceinte du quatorzième siècle, dont toutes les tours sont différentes comme à Bâle (ce qui est une fantaisie propre à l'architecture militaire germanique), pleine de fontaines presque toutes curieuses et de maisons à volutes, à tourelles et à pignons, en général bien conservées. La verdure extérieure déborde par-dessus les créneaux.

Toutes les façades de la ville, disposées en amphithéâtre sur des pentes, voient le lac s'enfoncer magnifiquement dans les montagnes.

Il y a trois ponts de bois couverts, qui sont du quinzième siècle; deux sur le lac, un sur la Reuss. Les deux ponts du lac sont d'une longueur démesurée et serpentent sur l'eau sans autre but apparent que d'accoster en passant de vieilles tours pour l'amusement des yeux. C'est fort singulier et fort joli.

Le toit aigu de chaque pont recouvre une galerie de tableaux. Ces tableaux sont des planches triangulaires emboîtées sous l'angle du toit et peintes des deux côtés. Il y a un tableau par travée. Les trois ponts font trois séries de tableaux, qui ont chacune un but distinct, un sujet dont elles ne sortent pas, une intention bien marquée d'agir par les yeux sur l'esprit de ceux qui vont et viennent. La série du grand pont, qui a quatorze cents pieds de long, est consacrée à l'histoire sainte. La série du pont de Kappel, qui est sur l'écoulement du lac et qui a mille pieds de longueur, contient deux cents tableaux ornés d'armoiries qui racontent l'histoire de la Suisse. La série du pont sur la Reuss qui est le plus court des trois, est une danse macabre.

Ainsi les trois grands côtés de la pensée de l'homme sont là; la religion, la nationalité, la philosophie. Chacun de ces ponts est un livre. Le passant lève les yeux et lit. Il est sorti pour une affaire et il revient avec une idée.

Presque toutes ces peintures datent du seizième et du dix-septième siècle. Quelques-unes sont d'un fort beau caractère. D'autres ont été gâtées dans le dernier siècle par des retouches pâteuses et lourdes. La danse des morts du pont de la Reuss est partout d'excellente peinture pleine d'esprit et de sens. Chacun des panneaux représente la Mort mêlée à toutes les actions humaines. Elle est vêtue en tabellion et elle enregistre l'enfant nouveau-né auquel sourit sa mère; elle est cocher avec livrée galonnée et elle mène gaillardement le carrosse blasonné d'une jolie femme; un don Juan fait une orgie, elle retrousse sa manche et lui verse à boire; un médecin saigne son patient, elle a le tablier de l'aide et elle soutient le bras du malade; un soldat espadonne, elle lui tient tête ; un fuyard pique des deux, elle enfourche la croupe du cheval. Le plus effrayant de ces tableaux, c'est le paradis ; tous les animaux y sont pêle mêle, agneaux et lions, tigres et brebis, bons, doux, innocents ; le serpent y est aussi ; on le voit, mais à travers un squelette ; il rampe en traînant la mort avec lui. Mylinger, qui a peint ce pont au commencement du dix-septième siècle, était un grand peintre et un grand esprit.

Sur le pont de Kappel il y a une vue charmante, presque à vol d'oiseau, de Lucerne comme elle était il y a deux cents ans. Par bonheur pour elle, la ville a peu changé.

Je n'ai encore vu que l'extérieur de l'hôtel de ville.

C'est un assez bel édifice, quoique de style bâtard, avec beffroi coiffé d'une toiture en forme de heaume, d'un aspect amusant. De Bâle à Baden, les clochers sont pointus à tuiles de couleur ; de Baden à Zurich, ils sont peinturlurés en gros rouge ; de Zug à Lucerne, ils ressemblent à des casques, avec cimiers et visières, étamés et dorés.

L'église canonicale, qui est hors de la ville, et qu'ils appellent la cathédrale, a deux aiguilles en ardoise d'une belle masse ; mais, hormis un portail Louis XIII et un bas-relief extérieur qui est du quinzième siècle et qui représente Jésus aux Oliviers couronné de fleurs de lis et repoussant le calice, l'église par elle-même ne vaut pas la peine d'être cherchée.

Sur le port il y a l'église des Jésuites qui est d'un rococo violent et tapageur, et, derrière les Jésuites, sur une petite place, une autre église qui a plus d'intérêt que toutes les autres, quoiqu'elle se cache. La nef est ornée de drapeaux peints. La chaire, du dix-neuvième siècle, est d'un beau travail de menuiserie ; les stalles du chœur également. J'ai remarqué aussi, à une chapelle rocaille, une magnifique grille du quinzième siècle.

Il y a de tout à Lucerne, du grand et du petit, des choses sinistres et des choses charmantes. Au milieu du port, une foule de poules d'eau, à la fois sauvages et familières, joue avec l'eau du lac à l'ombre du mont Pilate. La ville a pris ces pauvres poules joyeuses sous sa protection. On ne peut les tuer sous peine d'amende. On dirait un essaim de petits cygnes noirs à becs blancs. Rien de gracieux comme de les voir plon-

ger et voleter au soleil. Elles viennent quand on siffle. Je leur jette des mies de pain de ma fenêtre.

Dans toutes ces petites villes les femmes sont curieuses, craintives et ennuyées. De la curiosité et de l'ennui naît le désir de voir dans la rue ; de la timidité naît la peur d'être vues. De là, sur les façades de toutes les maisons, un appareil d'espionnage, plus ou moins discret, plus ou moins compliqué. A Bâle comme en Flandre, c'est un simple petit miroir accroché en dehors de la fenêtre ; à Zurich comme en Alsace, c'est une tourelle, quelquefois jolie, prenant jour de tous côtés, et à demi engagée dans la façade du logis.

A Lucerne, l'espion est tout simplement une sorte de petite armoire percée de trous et placée en dehors des croisées, sur l'appui, comme un garde-manger.

Les femmes de Lucerne ont grand tort de se cacher, car elles sont presque toutes jolies.

A propos, j'ai vu le Lion du 10 août. C'est déclamatoire.

15 septembre.

Je suis encore à Lucerne, mon Adèle. Mais je viens de faire deux admirables excursions, le tour du lac et l'ascension du mont Rigi.

Je suis parti pour le Rigi le 12 au matin, après m'être fait préalablement raser par un affreux perruquier appelé Fraunezer, qui m'a coupé le menton en trois endroits et qui m'a pris seize sous de France pour cette opération chirurgicale.

Je te conterai tout cela. Le Rigi est superbe.

Voici un petit dessin pour ma Didine. L'espèce de soucoupe qui est sur la tour est un nid de cigogne, explique-lui cela.

Et puis embrasse ma Dédé, mon Toto et mon Charles. J'espère qu'ils travaillent bien. Je serre la main à Vacquerie.

Adieu, mon Adèle ; je t'écrirai bientôt. Dans un mois je te reverrai, et je vous embrasserai tous, mes bien-aimés.

Ton Victor qui t'aime.

LUCERNE.

II

BERNE. — LE RIGI.

Berne. — 17 septembre, minuit.

Partout où j'arrive, ma chère Adèle, mon premier soin est de t'écrire. A peine installé, je me fais apporter une table et un encrier, et je me remets à causer avec toi, avec vous tous, mes enfants bien-aimés. Prenez tous votre part de ma pensée comme vous avez votre part de mon cœur.

Je suis arrivé à Berne de nuit comme à Lucerne, comme à Zurich. Je ne hais pas cette façon d'arriver dans les villes. Il y a dans une ville qu'on aborde la nuit un mélange de ténèbres et de rayonnements, de lumières qui vous montrent les choses et d'ombres qui vous les cachent, d'où il résulte je ne sais quel aspect exagéré et chimérique qui a son charme. C'est une combinaison de connu et d'inconnu où l'esprit fait les rêves qu'il veut. Beaucoup d'objets qui ne sont que de la prose le jour prennent dans l'ombre une certaine poésie. La nuit, les profils des choses se dilatent ; le jour, ils s'aplatissent.

Il était huit heures du soir ; j'avais quitté Thun à cinq heures. Depuis deux heures le soleil était couché, et la lune, qui est dans son premier quartier, s'était levée derrière moi dans les hautes crêtes déchirées du Stockhorn. Mon cabriolet à quatre roues trottait sur une route excellente. — J'ai toujours mon cabriolet, qui a seulement changé de cocher, je ne sais par quel arrangement.

Mon cocher d'à présent est assez pittoresque ; c'est un grand piémontais à favoris noirs et à large chapeau verni, enfoncé dans un immense carrick de cocher de fiacre en cuir fauve doublé de peau de mouton noire et orné au dehors de morceaux de peau, rouge, bleue, verte, qui sont appliqués sur le fond jaune et qui y dessinent des fleurs fantastiques. Quand le carrick s'entr'ouvre, il laisse voir une veste de velours olive, une culotte et des guêtres de cuir, le tout rehaussé par une breloque faite d'une pièce de quarante sous à l'effigie de l'empereur, dans l'épaisseur de laquelle on a vissé une clef de montre.

Donc j'avais devant moi le ciel blanc du crépuscule et derrière moi le ciel gris du clair de lune. Le paysage, vu à ce double reflet, était ravissant. Par intervalles, j'apercevais, à ma gauche, l'Aar faisant des coudes d'argent au fond d'un ravin noir. Les maisons, qui ont souvent forme de chalets, et qui sont de petits édifices de bois les plus ouvragés qui soient, montraient des deux côtés de la route leurs façades faiblement animées par le clair de lune, avec leur grand toit rabattu sur leurs fenêtres rougeâtres.

Noté, en passant, que le toit des cabanes est immense dans ce pays d'averses et d'ondées. Le toit se développe sous la pluie : en Suisse, il envahit presque toute la maison ; en Italie, il s'efface ; en Orient, il disparaît.

Je reprends. — Je regardais les contours des arbres, ce qui m'amuse toujours, et je venais d'admirer la touffe énorme d'un noyer dans une prairie à cent pas de la route, lorsque le cocher est descendu pour enrayer. C'est bon signe quand on enraie ; c'est le sifflet du machiniste. Le décor va changer.

En effet la route s'est abaissée comme une croupe, et à ma gauche, à travers la rangée d'arbres qui borde le chemin, aux rayons de la lune, au fond d'une vallée confusément entrevue, une ville, une apparition, un tableau éblouissant, a surgi tout à coup.

C'était Berne et sa vallée.

J'aurais plutôt cru voir une ville chinoise, la nuit de la fête des lanternes. Non que les toits eussent des faîtes très découpés et très fantasques ; mais il y avait tant de lumières allumées dans ce chaos vivant de maisons, tant de chandelles, tant de falots, tant de lampes, tant d'étoiles à toutes les croisées ; une sorte de grande rue blanchâtre traçait au milieu de ces constellations développées sur le sol une voie lactée si étrange ; deux tours, celle-ci carrée et trapue, celle-là svelte et pointue, marquaient si bizarrement les deux extrémités de la ville, l'une sur la croupe, l'autre dans le creux ; l'Aar, courbé en fer à cheval au pied des murs, détachait si singulièrement de la terre, comme une faucille qui entame un bloc, cet amas de vagues édifices piqués de trous lumineux ; le croissant posé au fond du ciel

3

juste en face, comme le flambeau de ce spectacle, jetait sur tout cet ensemble une clarté si douce, si pâle, si harmonieuse, si ineffable, que ce n'était plus une ville que je voyais, c'était une ombre, le fantôme d'une cité, une île impossible de l'air à l'ancre dans une vallée de la terre et illuminée par des esprits.

En descendant, les belles silhouettes de la ville se sont décomposées et recomposées plusieurs fois, et la vision s'est dissipée à demi.

Puis ma carriole a passé un pont et s'est arrêtée sous une porte ogive; un vieux bonhomme, accosté de deux soldats en uniforme vert, est venu me demander mon passeport; à la lueur du réverbère, j'ai aperçu une affiche de danseurs de corde ornée d'une gravure et collée sur la muraille, et je suis retombé du haut de mon rêve chinois dans Berne, capitale du plus grand des vingt-deux cantons, chef-lieu de trois cent quatre-vingt-dix-neuf mille habitants, résidence des ambassadeurs, ville située par les 46° 57′ 14″ de latitude septentrionale et par les 25° 7′ 6″ de longitude, à dix-sept cent huit pieds au-dessus du niveau de la mer.

Un peu remis de cette chute, j'ai continué ma route, et me voici maintenant dans l'hôtel *des Gentilshommes.* — Ce qui est une autre chute, car l'hôtel des Gentilshommes me fait l'effet d'une auberge délabrée; les chambres sentent le moisi, les rideaux blancs sont dorés par les années, les cuivres des commodes sont vert-de-grisés, l'encre est une bourbe noire. Bref, l'hôtel des Gentilshommes a son originalité; rien de plus inattendu que cette oasis de saleté bretonne au milieu de la propreté suisse.

Il faut maintenant que je te conte ma promenade au Rigi.

Ce n'était pas le Rigi que je voulais en restant à Lucerne, c'était le Pilate. Le Pilate est un mont abrupt, sauvage, empreint de merveilleux, d'une approche difficile, abandonné par les touristes; il me tentait fort. Le Rigi est moins haut que le Pilate de quatorze cents pieds, se laisse gravir à cheval, n'a des escarpements que ce qu'il en faut aux bourgeois, et se couvre tous les jours d'une peuplade de visiteurs. Le Rigi est la prouesse de tout le monde. Aussi ne m'inspirait-il qu'un médiocre appétit. Cependant le temps *défavorable* à l'ascension du Pilate s'est obstiné; *Odry,* un guide au nez camard, ainsi surnommé par des voyageurs français, s'est refusé à me conduire; il a fallu que je me contentasse du Rigi. En somme, je ne me plains pas du Rigi, mais j'aurais voulu le Pilate.

Après ma barbe faite chez cet horrible écorcheur appelé Fraunezer, j'ai quitté Lucerne pour le Rigi le 12 à huit heures du matin; à neuf heures, le bateau à vapeur la *Ville-de-Lucerne* me débarquait à Wiggis, joli petit village au bord du lac, où j'ai passablement déjeuné; à dix heures, je quittais le gasthof de Wiggis et je commençais à gravir la montagne; j'avais un guide pour la forme et ma canne pour tout bagage.

En route, j'ai rencontré deux ou trois caravanes avec chevaux, mulets, ânes, sacs de provisions, bâtons ferrés, *guides* pour mener les bêtes, *guides* pour expliquer les sites, etc. Il y a des voyageurs qui traitent le Rigi comme le Mont-Blanc; des espèces de don Quichottes des montagnes qui sont déterminés à *faire une ascension,* et qui escaladent une butte avec tout l'attirail de Cachat-le-Géant. — Or le Rigi est très beau, mais on peut y monter et y descendre sa canne à la main. Tu te souviens, mon Adèle, de notre excursion au Montanvert; le Rigi n'a qu'une hauteur double; le Montanvert a environ deux mille cinq cents pieds, le Rigi en a environ cinq mille.

L'ascension du Rigi par Wiggis dure trois heures et peut se diviser en quatre zones.

La trajet de chacune des deux premières zones dure à peu près une heure; le trajet de chacune des deux dernières dure une demi-heure.

D'abord un chemin sous des bois, dont les branches basses accrochent les dentelles des voyageuses anglaises, et où de jolies petites filles, pieds nus, vous offrent des poires et des pêches. Ces bois sont mêlés de vergers; de temps en temps, le bleu du lac perce le vert des arbres, et entre deux prunes, on voit une barque. — Puis un sentier, fort âpre par endroits, qui gravit cet escarpement qu'ont presque toutes les montagnes entre leur base et leur sommet; — puis une pente de gazon où le chemin s'élargit à l'aise et qui sépare la maison dite *les bains froids* de la maison dite *le péage;* — puis, du péage jusqu'au sommet (*kulm*), un sentier, assez rude çà et là, d'où l'on revoit Lucerne et que borde un précipice au fond duquel est Kussnacht.

La première zone n'est qu'une promenade agréable, la seconde est assez pénible. Il faisait très beau, le soleil chauffait à plomb les parois blanches de la montagne le long desquelles grimpait le sentier, soutenu de place en place par des échafaudages et des maçonneries. La vieille muraille diluvienne est égrenée par les pluies et les torrents, les cailloux roulés couvrent le chemin, et j'avançais assez lentement sur les têtes de clous de la brèche. De temps en temps, je rencontrais une méchante peinture accrochée au mur de roche et représentant une des stations de la voie douloureuse.

A mi-côte, il y a une chapelle ornée d'un mendiant, et deux cents pas plus haut, un grand rocher détaché de la montagne qu'ils appellent *pierre-tour* et sous lequel passe la route. Beaucoup d'ombre froide et un peu d'eau fraîche tombe de cette voûte sur le passant trempé de sueur; on a mis là un banc traître sur lequel les pleurésies sont assises.

La pierre-tour est du reste curieuse à voir. Elle est couronnée d'une plate-forme inaccessible sur laquelle de hauts sapins ont poussé paisiblement. A quelques pas de là, tombe dans le précipice une belle cascade qui rugit en avril et que l'été réduit à quelques cheveux d'argent.

Arrivé au sommet de l'escarpement, j'étais essoufflé

je me suis assis quelques instants sur l'herbe ; de gros nuages sombres avaient caché le soleil, toute habitation humaine avait disparu, l'ombre qui tombait du ciel donnait à cet immense paysage désert je ne sais quoi de sinistre ; le lac était sous mes pieds avec ses montagnes et ses caps, dont je distinguais nettement les hanches, les côtes et les longs cous, et je croyais voir un troupeau énorme de monstres poilus, groupé autour de cet abreuvoir bleu, boire à plat ventre, les museaux allongés dans le lac.

Un peu reposé, je me suis remis à monter...

J'avais franchi les deux premières zones, j'entrais dans la troisième et j'apercevais à une certaine hauteur, à mi-côte, sur un plan incliné recouvert de gazon, la maison de bois qu'on appelle les bains froids. En cinq minutes j'y étais parvenu.

La maison n'a rien de remarquable ; elle est revêtue de petites planchettes taillées en écailles qui imitent l'écorce des sapins. Noté en passant que la nature donne des écailles à tout ce qui doit lutter contre l'eau, aux sapins dans la pluie, aux poissons dans la vague. Quelques anglaises étaient assises devant la maison.

Je me suis écarté de la route, et au milieu de quelques grosses roches éboulées j'ai trouvé la petite source claire et joyeuse qui a fait éclore là, à deux mille pieds au-dessus du sol, d'abord une chapelle, puis une maison de santé. C'est la marche ordinaire des choses dans ce pays que ses grandes montagnes rendent religieux : d'abord l'âme, ensuite le corps. La source tombe d'une fente de rochers en longs filandres de cristal, j'ai détaché de son clou rouillé la vieille écuelle de fer des pèlerins, et j'ai bu de cette eau excellente, puis je suis entré dans la chapelle qui touche la source.

Un autel encombré d'un luxe catholique assez délabré, une madone, force fleurs fanées, force vases dédorés, une collection d'ex-voto où il y a de tout, des jambes de cire, des mains de fer-blanc, des tableaux-enseignes figurant des naufrages sur le lac, des effigies d'enfants accordés ou sauvés, des carcans de galériens avec leurs chaines, et jusqu'à des bandages herniaires ; voilà l'intérieur de la chapelle.

Rien ne me pressait ; j'ai fait une promenade aux environs de la source, pendant que mon guide se reposait et buvait quelque kirch dans la maison.

Le soleil avait reparu. Un bruit vague de grelots m'attirait. Je suis arrivé ainsi au bord d'un ravin très encaissé. Quelques chèvres y broutaient sur l'escarpement, pendues aux broussailles. J'y suis descendu, un peu à quatre pattes comme elles.

Là tout était petit et charmant ; le gazon était fin et doux ; de belles fleurs bleues à long corsage se mettaient aux fenêtres à travers les ronces et semblaient admirer une jolie araignée jaune et noire qui exécutait des voltiges, comme un saltimbanque, sur un fil imperceptible tendu d'une broussaille à l'autre.

Le ravin paraissait fermé comme une chambre. Après

avoir regardé l'araignée, comme faisaient les fleurs (ce qui a paru la flatter, soit dit en passant, car elle a été admirable d'audace et d'agilité tant qu'elle m'a vu là), j'ai avisé un couloir étroit à l'extrémité du ravin, et, ce couloir franchi, la scène a brusquement changé.

J'étais sur une étroite esplanade de roche et de gazon accrochée comme un balcon au mur démesuré du Rigi. J'avais devant moi dans tout leur développement le Burgen, le Buochserhorn et le Pilate ; sous moi, à une profondeur immense, le lac de Lucerne, morcelé par les nases et les golfes, et où se miraient ces faces de géants comme dans un miroir cassé. Au-dessus du Pilate, au fond de l'horizon, resplendissaient vingt cimes de neige ; l'ombre et la verdure recouvraient les muscles puissants des collines, le soleil faisait saillir l'ostéologie colossale des Alpes ; les granits ridés se plissaient dans les lointains comme des fronts soucieux ; les rayons pleuvant des nuées donnaient un aspect ravissant à ces belles vallées que remplissent à de certaines heures les bruits effrayants de la montagne ; deux ou trois barques microscopiques couraient sur le lac, trainant après elles un grand sillage ouvert comme une queue d'argent ; je voyais les toits des villages avec leurs fumées qui montent et les rochers avec leurs cascades pareilles à des fumées qui tombent.

C'était un ensemble prodigieux de choses harmonieuses et magnifiques pleines de la grandeur de Dieu. Je me suis retourné, me demandant à quel être supérieur et choisi la nature servait ce merveilleux festin de montagnes, de nuages et de soleil, et cherchant un témoin sublime à ce sublime paysage.

Il y avait un témoin en effet, un seul ; car du reste l'esplanade était sauvage, abrupte et déserte. Je n'oublierai cela de ma vie. Dans une anfractuosité de rocher, assis les jambes pendantes sur une grosse pierre, un idiot, un goîtreux, à corps grêle et à face énorme, riait d'un rire stupide, le visage en plein soleil, et regardait au hasard devant lui. O abîme ! les Alpes étaient le spectacle, le spectateur était un crétin.

Je me suis perdu dans cette effrayante antithèse : l'homme opposé à la nature ; la nature dans son attitude la plus superbe, l'homme dans sa posture la plus misérable. Quel peut être le sens de ce mystérieux contraste ? A quoi bon cette ironie dans une solitude ? Dois-je croire que le paysage était destiné à lui crétin, et l'ironie à moi passant ?

Du reste, le goîtreux n'a fait aucune attention à moi. Il tenait à la main un gros morceau de pain noir dans lequel il mordait de temps en temps. C'est un crétin qu'on nourrit à l'hospice des capucins situé de l'autre côté du Rigi. Le pauvre idiot était venu là chercher le soleil de midi.

Un quart d'heure après, j'avais repris le sentier ; et les bains froids et la chapelle et le ravin et le goîtreux avaient disparu derrière moi dans une des ampoules que fait la pente méridionale du Rigi.

Après avoir passé le péage, où l'on demande aux

voyageurs six batz (dix-huit sous) par cheval, je me suis assis au bord du précipice, et de même que le crétin, j'ai laiss é pendre mes pieds sur un donjon ruiné enfoui dans les ronces à sept cents toises au-dessous de moi.

A quelques pas derrière moi riaient et jasaient, en se roulant sur l'herbe, trois marmots anglais fort jolis et fort empanachés, jouant avec leur bonne en tablier blanc, comme au Luxembourg, et me disant bonjour en 'rançais.

Le Rigi est fort sauvage en cet endroit, le voisinage du sommet se fait sentir; quelques chalets groupés en village s'enfoncent dans un haut ravin qui balafre le faîte du mont, et, du côté de Kussnacht, dans l'abîme, je voyais grimper en foule vers moi ces hauts sapins qui seront un jour des mâts de navires et qui n'auront eu que deux destinées, la montagne et l'ocean.

Du point où j'étais, on aperçoit le sommet, il semble tout près: on croit y atteindre en trois enjambées, il est à une demi-lieue.

A deux heures, après une marche de quatre heures, fort coupée de stations et de *caprices* dans le sens étymologique du mot, j'étais sur le Rigi-Kulm.

Au sommet du Rigi, il n'y a que trois choses: une auberge, un observatoire fait de quelques planches élevées sur quelques solives, et une croix. C'est tout ce qu'il faut; l'estomac, l'œil et l'âme ont un triple besoin; il est satisfait.

L'auberge s'appelle l'*hôtel du Rigi-Kulm* et m'a paru suffisante. La croix est suffisante aussi; elle est de bois, avec cette date: 1838.

Le sommet du Rigi est une large croupe de gazon. Quand j'y suis arrivé, j'étais seul sur la montagne. J'ai cueilli, au bord d'un précipice de quatre mille pieds, en pensant à toi, chère amie, et à toi, ma Didine, cette jolie petite fleur. Je vous l'envoie.

Le Rigi a neuf fois la hauteur du clocher de Strasbourg; le Mont-Blanc n'a que trois fois la hauteur du Rigi.

Sur des sommets comme le Rigi-Kulm, il faut regarder, mais il ne faut plus peindre. Est-ce beau ou est-ce horrible? Je ne sais vraiment. C'est horrible et c'est beau tout à la fois. Ce ne sont plus des paysages, ce sont des aspects monstrueux. L'horizon est invraisemblable, la perspective est impossible; c'est un chaos d'exagérations absurdes et d'amoindrissements effrayants.

Des montagnes de huit cents pieds sont des verrues misérables; des forêts de sapins sont des touffes de bruyères; le lac de Zug est une cuvette pleine d'eau; la vallée de Goldau, cette dévastation de six lieues carrées, est une pelletée de boue; le Bergfall, cette muraille de sept cents pieds, le long de laquelle a glissé l'énorme écroulement qui a englouti Goldau, est la rainure d'une montagne russe; les routes, où peuvent se croiser trois diligences, sont des fils d'araignée; les villes de Kussnacht et d'Art avec leurs clochers enluminés sont des villages-joujoux à mettre dans une boîte et à donner en étrennes aux petits enfants; l'homme, le

bœuf, le cheval, ne sont même plus des pucerons; ils se sont évanouis.

A cette hauteur la convexité du globe se mêle jusqu'à un certain point à toutes les lignes et les dérange. Les montagnes prennent des postures extraordinaires. La pointe du Rothorn flotte sur le lac de Sarnen; le lac de Constance monte sur le sommet du Rossberg; le paysage est fou.

En présence de ce spectacle inexprimable, on comprend les crétins dont pullulent la Suisse et la Savoie. Les Alpes font beaucoup d'idiots. Il n'est pas donné à toutes les intelligences de faire ménage avec de telles merveilles et de promener du matin au soir sans éblouissement et sans stupeur un rayon visuel terrestre de cinquante lieues sur une circonférence de trois cents.

Après une heure passée sur le Rigi-Kulm, on devient statue, on prend racine à un point quelconque du sommet. L'émotion est immense. C'est que la mémoire n'est pas moins occupée que le regard, c'est que la pensée n'est pas moins occupée que la mémoire. Ce n'est pas seulement un segment du globe qu'on a sous les yeux, c'est aussi un segment de l'histoire. Le touriste y vient chercher un *point de vue;* le penseur y trouve un livre immense où chaque rocher est une lettre, où chaque lac est une phrase, où chaque village est un accent, et d'où sortent pêle-mêle comme une fumée deux mille ans de souvenirs. Le géologue y peut scruter la formation d'une chaîne de montagnes, le philosophe y peut étudier la formation d'une de ces chaînes d'hommes, de races ou d'idées qu'on appelle des nations; étude plus profonde encore peut-être que l'autre.

Du point où j'étais, je voyais onze lacs (les habiles en voient quatorze), et ces onze lacs, c'était toute l'histoire de la Suisse. C'était Sarnen, qui a vu tomber Landerberg, comme le lac de Lucerne a vu tomber Gessler; Lungern, où la beauté suisse habite parmi les peuplades du Hasli; Sempach, où Winkelried a embrassé les piques, où l'avoyer de Gundoldingen s'est fait tuer sur la bannière de sa ville; Heideck, qui reflète un tronçon du château de Waldeck arraché de sa roche en 1386 par les gens de Lucerne; Hallwyll, qu'ont désolé les guerres civiles de Berne et des cantons catholiques et les deux déplorables batailles de Wilmorgen; Egeri, rayonnant du souvenir de Morgarten et dominé par les gigantesques figures de ses cinquante paysans écrasant une armée à coups de pierres; Constance, avec son concile, avec les deux sièges où s'asseyaient le pape et l'empereur, avec son cap qu'on appelle encore la Corne des romains, *Cornu romanorum;* avec son défilé du Brégenz ensanglanté par la revanche des chevaliers de la Souabe sur les paysans de l'Appenzell; Zurich, qui a vu combattre Nicolas de Flac à la bataille de Wintherthur et Ulpien Zwingle à la bataille de Cappel.

Sous mes pieds, dans l'abîme, c'était Loweiz, où s'est écrasé Goldau; Zug, qui a l'ombre de Pierre Colin et les souvenirs de la bataille de Bellinzone, et sur les bords duquel j'avais vu en passant, la veille, apparaître brusquement entre deux arbres une pierre tumulaire déjà cachée par les ronces, avec cette inscription : KARL MARIA WEBER ; enfin, c'était cet admirable lac dont les rives sont faites par les quatre cantons qui sont comme le cœur même de la Suisse : par Schwytz, le canton patriarcal ; par Unterwald, le canton pastoral ; par Lucerne, le canton féodal ; par Uri, le canton héroïque.

Au nord, à perte de vue, j'avais la Souabe à droite, à gauche la Forêt-Noire, à l'ouest le Jura jusqu'au Chasseral, et, avec une lunette, j'aurais peut-être distingué Bienne, la *Petenissa* d'Antonin, sa forêt de hêtres et de chênes, son lac, sa source profonde qui tressaillit et se troubla le jour du tremblement de terre de Lisbonne, son île charmante d'où Jean-Jacques fut expulsé par Berne en 1765.

Plus près, j'avais une ceinture immense de cantons : Appenzell, où sont les Alpes calcaires et que deux religions divisent en deux peuples : le catholicisme fait des bergers, le calvinisme fait des marchands ; — Saint-Gall, qui a remplacé son abbé par un landamman, et qui a servi de théâtre à la bataille de Ragatz ; — Thurgovie, qui a vu la bataille de Diessenhofen, et d'où partit Conradin, le dernier des Hohenstaufen, pour aller mourir à Naples, comme est mort de nos jours le duc d'Enghien à Vincennes ; — les Grisons, qui sont l'ancienne Rhétie, qui ont soixante vallées, cent quatre-vingts châteaux, les trois sources du Rhin, le mont Julien, avec les colonnes Juliennes, et cette belle vallée d'Engiadina où la terre tremble et où l'eau résiste : les lacs étaient encore gelés le 4 mai 1799, jour où l'artillerie française les traversa ; — Schaffhouse, qui a la chute du Rhin, comme Bellegarde a la perte du Rhône, avec les sombres souvenirs de Heinz, de Stern et de la défaite de Paradies en 992 ; — Argovie, qui a vu tomber en 1415 la forteresse autrichienne d'Aarburg et où les paysans votent encore comme les vieux romains dans leurs comices, en plein air, avec les bras levés et par bandes séparées ; — Soleure, que les italiens appellent *Soleatt*, qui a des peintures de Dominique Corvi, et dont le régiment ne déparait pas cette infanterie espagnole du dix-septième siècle de laquelle a parlé Bossuet.

Le mont Pilate me cachait Neuchâtel et les champs de bataille de Granson et de Morat ; mais les deux ombres de Nicolas de Scharnachtal et de Charles le Téméraire se levaient dans mon esprit plus haut que le mont Pilate et complétaient cet horizon de grandes montagnes et de grands événements.

J'avais encore sous les yeux Frutigen d'où fut chassé le bailli de Tellenburg ; — l'Entlebuch, où l'on cueille le rosage des Alpes, où les paysans ont les jeux de la Grèce et chantent tous les ans leur chronique scandaleuse et secrète de Hirsmontag ; — à l'est, Berne, qui a vu la première bataille des suisses opprimés, Donnerbües,

en 1291 ; — au nord, Bâle, qui a vu la dernière victoire des suisses libres, Dornach, en 1499.

De l'est au nord, je voyais courir toutes les Alpes calcaires depuis le Sentis jusqu'à la Yung-Frau ; au midi surgissaient pêle-mêle, d'une façon terrible, les grandes Alpes granitiques.

J'étais seul, je rêvais, — qui n'eût rêvé ? — et les quatre géants de l'histoire européenne venaient d'eux-mêmes devant l'œil de ma pensée se poser comme debout aux quatre points cardinaux de ce colossal paysage : Annibal dans les Alpes allobroges, Charlemagne dans les Alpes lombardes, Cesar dans l'Engadine, Napoléon dans le Saint-Bernard.

Au-dessous de moi, dans la vallée, au fond du précipice, j'avais Kussnacht et Guillaume Tell.

Il me semblait voir Rome, Carthage, l'Allemagne et la France, représentées par leurs quatre plus hautes figures, contempler la Suisse personnifiée dans son grand homme ; eux capitaines et despotes, lui pâtre et libérateur.

C'est une heure grave et pleine de méditations que celle où l'on a sous les yeux la Suisse, ce nœud puissant d'hommes forts et de hautes montagnes inextricablement noué au milieu de l'Europe, qui a ébréché la cognée de l'Autriche et rompu la formidable épée de Charles le Téméraire. La providence a fait les montagnes, Guillaume Tell a fait les hommes.

Comment ai-je passé toute cette journée sur le sommet du Rigi ? je ne sais pas. J'ai erré, j'ai regardé, j'ai songé ; je me suis couché à plat ventre au bord du précipice et j'ai avancé la tête pour fouiller du regard dans l'abîme ; j'ai fait à vol d'oiseau la visite de Goldau ; j'ai jeté quelques pierres dans le trou qu'ils appellent *Kessisbodenloch*, mais je dois dire que je ne les ai pas vues ressortir par le bas de la montagne ; j'ai acheté un château de bois sculpté à un montagnard ; je suis monté sur l'observatoire et de là j'ai dessiné le Mythen, prodigieux cône de granit au sommet duquel il y a une pierre rougeâtre qui fait que le Mythen semble avoir été raccommodé avec du ciment romain comme le pyramidion de Luxor. Vu du Rigi, le Mythen a la forme exacte des pyramides d'Égypte. Seulement Chéops disparaîtra dans son ombre, comme la tente du bédouin disparaît dans l'ombre de Chéops, comme Rhamsès disparaît dans l'ombre de Jéhovah.

Pendant que je dessinais, le Rigi-Kulm s'est peuplé. Les premiers visiteurs ont gravi la montagne par le chemin d'Art, qui est plus escarpé, mais qui a plus d'ombre que le chemin de Wiggis, où j'avais eu à lutter contre le soleil et le sirocco.

C'étaient de jeunes étudiants allemands, le sac sur le dos, la pipe de faïence peinte à la bouche, le bâton à la main, qui sont venus s'asseoir à côté de moi avec leur air à la fois penseur et naïf. Puis une jolie anglaise blonde est montée sur l'observatoire. Elle arrivait de Lombardie et était parvenue à Lucerne par le Saint-Gothard. Les étudiants, qui étaient descendus en Suisse par Zurich et par Schwytz, parlaient de Rapperschwybl, de Herrliberg et d'Affholtern ; l'anglaise s'extasiait avec une petite voix mélodieuse sur Giamaglio, Bucioletto, Rima et Rimella.

Tout cela c'est la Suisse. Les voyelles et les consonnes se partagent la Suisse de même que les fleurs et les rochers. Au nord, où est l'ombre, où est la bise, où est la glace, les consonnes se cristallisent et se hérissent pêle-mêle dans tous les noms des villes et des montagnes. Le rayon de soleil fait éclore les voyelles ; partout où il frappe, elles germent et s'épanouissent en foule ; c'est ainsi qu'elles couvrent tout le versant méridional des Alpes. Elles s'éparpillent gaiement sur toutes ces belles pentes dorées. Le même sommet, le même rocher, ont dans leur côté sombre des consonnes, dans leur côté éclairé des voyelles. La formation des langues apparaît à nu dans les Alpes, grâce à la position centrale de la chaîne. Il n'y a qu'une montagne, le Saint-Gothard, entre Teüfelsbrücke et Airolo.

Vers cinq heures et demie, les visiteurs ont surgi presque à la fois de toutes parts, à pied, à cheval, à âne, à mulet, en chaise à porteurs ; des anglais enfouis sous des carricks, des parisiennes en châles de velours, des malades qui passent l'été à la maison des bains froids ; un sénateur de Zurich chassé par la petite révolution d'il y a huit jours ; un commis voyageur français disant qu'il avait visité Chillon et la prison *où est mort Bolivar*, etc. A deux heures j'étais arrivé seul ; à six heures nous étions soixante.

Cette grosse foule, comparée à cette chétive auberge, émut un des jeunes allemands, qui me dit solennellement que nous allions tous mourir de faim.

En ce moment l'abîme devenait magnifique. Le soleil se couchait derrière la crête dentelée du Pilate. Il n'éclairait plus que les sommets extrêmes de toutes les montagnes, et ses rayons horizontaux se posaient sur ces monstrueuses pyramides comme des architraves d'or. Toutes les grandes vallées des Alpes se remplissaient de brumes ; c'était l'heure où les aigles et les gypaètes reviennent à leurs nids.

Je m'étais avancé jusqu'au bord du précipice que domine la croix et qui regarde Goldau. La foule était restée sur l'observatoire, j'étais seul là, le dos tourné au couchant. Je ne sais ce que voyaient les autres, mais mon spectacle à moi était sublime.

L'immense cône de ténèbres que projette le Rigi, nettement coupé par ses bords et sans pénombre visible à cause de la distance, gravissait lentement, sapin à sapin, roche à roche, le flanc escarpé du Rossberg. La montagne de l'ombre dévorait la montagne du soleil. Ce vaste triangle sombre, dont la base se perdait sous le Rigi, et dont la pointe s'approchait de plus en plus à chaque instant de la cime du Rossberg, couvrait déjà Art, Goldau, dix vallées, dix villages, la moitié du lac de Zug et tout le lac de Lowerz. Des nuages de cuivre rouge y entraient et s'y changeaient en étain. Au fond du gouffre, Art flottait dans une lueur crépusculaire qu'étoilaient çà et là des fenêtres allumées. Il y avait déjà de pauvres femmes filant à côté de leur lampe. Art vit dans la nuit ; le soleil s'y couche à deux heures.

Un moment après, le soleil avait disparu, le vent était froid, les montagnes étaient grises, les visiteurs étaient rentrés dans l'auberge. Pas un nuage dans le ciel. Le Rigi était redevenu solitaire, avec un vaste ciel bleu au-dessus de lui.

Je t'écrivais, chère amie, dans une de mes premières lettres : « Ces vagues de granit qu'on appelle les Alpes. » Je ne croyais pas dire si vrai. L'image qui m'était venue à l'esprit m'est apparue dans toute sa réalité sur le sommet du Rigi, après le soleil couché. Ces montagnes sont des vagues en effet, mais des vagues géantes. Elles ont toutes les formes de la mer ; il y a des houles vertes et sombres qui sont les croupes couvertes de sapins, des lames blondes et terreuses qui sont les pentes de granit dorées par les lichens, et, sur les plus hautes ondulations, la neige se déchire et tombe déchiquetée dans des ravins noirs, comme fait l'écume. On croirait voir un océan monstrueux figé au milieu d'une tempête par le souffle de Jéhovah.

Un rêve épouvantable c'est la pensée de ce que deviendraient l'horizon et l'esprit de l'homme si ces énormes ondes se remettaient tout à coup en mouvement.

III

LES BATELEURS

La salle à manger du nouvel hôtel où je me suis logé est au rez-de-chaussée. Selon mon habitude, j'avais installé ma table près de la fenêtre, et, tout en faisant à un excellent déjeuner les honneurs d'un excellent appétit, je regardais dans la place.

Vous savez, j'appelle cela *lire en mangeant*. Tout spectacle a un sens pour les rêveurs. Les yeux voient, l'esprit creuse, commente et traduit. Une place publique est un livre. On épelle les édifices, et l'on y trouve l'histoire; on déchiffre les passants, et l'on y trouve la vie.

Au bout de quelques instants, mon attention s'était fixée sur un petit groupe d'aspect étrange, bivouaqué, pour ainsi dire, à quelques pas de la croisée d'où je l'observais.

Ce groupe répandu à terre d'une façon assez pittoresque, à l'ombre d'une grande bannière fort peu solidement plantée dans le pavé, se composait de quatre personnages : un homme, deux femmes et un animal. L'une des femmes dormait, l'homme dormait, l'animal dormait.

Je ne pouvais rien distinguer de la femme endormie que cachait une large coiffe noire rabattue sur son visage.

Le visage de l'homme tourné vers le pavé m'était également caché; je ne voyais que ses mains noires, ses ongles ravagés, sa grosse chevelure sale et hérissée, la semelle trouée et feuilletée de ses bottes grises de poussière, et l'un des orteils de son pied gauche à travers cette semelle.

Il était bizarrement accoutré d'un pantalon de grosse cavalerie et d'un habit à la française. Le pantalon, composé de plus de cuir que de drap, paraissait assez neuf, quoique souillé de cendre et de boue; l'habit tombait en lambeaux. C'était une souquenille, jadis fort galante et fort coquette, en velours noir semé de paillettes d'or. Le velours avait pris en vieillissant une teinte de fumée rougeâtre, les paillettes s'étaient presque toutes éteintes; ce qui fait que cet habit avait l'air, comme dit Trivelin, d'une illumination à trois heures du matin.

Tout en dormant, l'homme étreignait de la main droite un très gros jonc à pomme d'argent ciselée, lequel s'était probablement promené au boulevard de Gand, comme l'habit à l'Œil-de-Bœuf. Deux époques de l'élégance française se mêlaient aux guenilles de ce misérable. La canne, restée riche et brillante à la poignée, était brûlée et noircie à son extrémité inférieure; on sentait qu'elle avait plus d'une fois attisé et remué des feux nocturnes. Vers le milieu, elle était aplatie et écrasée; on eût dit qu'elle avait servi à des pesées et qu'il lui était arrivé de soulever des portes.

Un vieux chapeau rond, passé à l'état polyédrique, était posé un peu sur le pavé, un peu sur la tête du dormeur. Une assiette d'étain, jetée devant ses pieds, semblait attendre les liards des passants.

Quant à l'animal, sans doute le gagne-pain visible de ces gens, il disparaissait à demi enfoui dans du sable, sous les barreaux d'une espèce de cage où je l'apercevais à peine. Cependant, tout en dormant, il faisait çà et là quelques mouvements, et j'en voyais assez pour reconnaître quelque chose d'horrible, une de ces bêtes qui ne sont pas faites pour être vues par l'homme et qui prouvent l'imagination de la nature, un de ces êtres qui sont des cauchemars, un charbon vivant, un lézard épineux, quelque chose d'effroyable et de pareil au *Moloch horridus* de la Nouvelle-Hollande.

Cinq ou six jolis enfants examinaient ce monstre et le regardaient avec enthousiasme. Parmi eux j'admirais deux charmants marmots français, lesquels appartenaient sans doute à quelque famille parisienne arrêtée dans l'auberge.

La cage était posée sur une caisse carrée dans le panneau extérieur de laquelle je ne sais quel hasard avait incrusté un assez beau bas-relief en bois de chêne représentant saint François de Sales, la main posée sur une tête de mort. Les petits enfants français regardaient ce panneau. Au bout de quelques secondes d'examen, l'aîné dit au plus jeune : *Ah! c'est le bon Dieu avec sa pomme.*

L'autre femme, celle qui ne dormait pas, était assise sur un vieux morceau de tapis à côté de l'homme. Je voudrais bien pouvoir vous dire qu'elle était laide, car rien n'est plus banal et plus littérairement usé que la beauté des mendiants et des comédiennes en plein vent; mais je suis à regret forcé d'avouer que celle-ci, quoique hâlée par le soleil et *tachée de son*, comme disent les excellentes métaphores populaires, était vraiment une charmante et délicate creature.

Son front était intelligent; sa bouche, ornée de dents admirables, était gracieuse et bonne; ses yeux, pas très grands, étaient profonds et purs; de riches veines blondes chatoyaient dans ses épais cheveux châtains, très coquettement et surtout très proprement accommodés. Il y avait de la race dans la souplesse de sa taille, dans la saillie de ses hanches, dans la correspondance parfaite de son front, de son nez et de son menton, dans la petitesse de ses pieds et de ses mains, dans la transparence de ses ongles, dans la finesse de ses chevilles, dans l'élévation de son cou-de-pied. Toute sa personne, toute sa toilette était propre et coquette comme sa coiffure. On sentait qu'elle profitait probablement de tous les ruisseaux qu'elle rencontrait pour s'y laver d'abord, pour s'y mirer ensuite.

Sa ceinture, rehaussée de bijoux de toutes sortes, racontait ses voyages. Elle portait des bas bleus à coins ornés d'arabesques blanches comme en portent les filles de Sonabe, un ample jupon de drap brun à mille plis comme les montagnardes de la Forêt-Noire, et un étroit gilet de soie comme les paysannes de la Bresse. Ce gilet, d'une coupe naïve et quelque peu disgracieuse, était presque caché et pour ainsi dire corrigé par une large collerette de Flandre, sur laquelle étaient brodées plusieurs rosaces de cathédrale émaillées et tricotées les unes dans les autres. Ses bijoux, tous italiens, et probablement achetés chacun dans le lieu spécial qui les produit, achevaient et complétaient l'histoire de ses pèlerinages. A ses pendants d'oreilles en filigrane, on devinait qu'elle avait été à Gênes; à son bracelet en or émaillé et orné de miniatures, qu'elle avait passé à Venise; à son bracelet de mosaïques, qu'elle était allée à Florence; à son bracelet de camées, qu'elle avait traversé Rome; à son collier de corail et de coquillages, qu'elle avait vu Naples.

En somme, c'était une ravissante et superbe fille. Des joyaux d'idole et un air de déesse.

Il est évident que la parure de cette femme couverte de bijoux était la grande affaire de cet homme couvert de haillons.

Du reste, elle n'était pas ingrate. Elle paraissait l'adorer; oui, madame, l'adorer, et cela me surprenait fort. Je savais bien que les femmes ont souvent du plaisir à sentir qu'elles font partie d'une antithèse; je n'ignorais pas que les plus belles, les plus jeunes et les plus charmantes se prêtent volontiers, par je ne sais quel sentiment inexplicable, à jouer leur rôle dans cette figure de rhétorique vivante, idolâtrant leur vieux mari à cause de sa vieillesse et leur amant bossu à cause de sa bosse; mais que la propreté, sous la forme d'une femme, ait du goût pour la saleté, sous la forme d'un homme, c'est ce que je n'aurais jamais cru. Entre l'espèce humaine qui se lave et l'espèce humaine qui ne se lave pas, il y a un abîme, et je ne pensais pas qu'on pût jeter un pont sur cet abîme-là. Aujourd'hui, rien en ce genre ne saurait plus me surprendre. J'ai vu, sur cette place publique, une fille de seize ans, nette et jolie comme un caillou mouillé, baiser de minute en minute, avec une sorte d'admiration passionnée, les cheveux gras et les mains noires d'un affreux homme endormi qui ne sentait même pas ces douces caresses; je l'ai vue épousseter avec ses doigts roses l'habit de saltimbanque dont ses gracieuses chiquenaudes faisaient sortir de petites nuées de poussière; je l'ai vue chasser les mouches qui importunaient cet immonde dormeur, se pencher sur lui, écouter le bruit de son haleine et contempler tendrement ses bottes éculées; et maintenant je suis tout prêt à applaudir l'écrivain quelconque qui voudra faire un roman intime intitulé: *Histoire mélancolique des amours d'une colombe et d'un pourceau*.

Décidément la nature contient toutes les combinaisons et la femme contient tous les caprices. Tout est possible à la femme comme à Dieu.

Tout en couvant du regard son compagnon gisant près d'elle, elle remettait à neuf et lustrait avec un chiffon de serge une espèce d'épinette de forme antique incrustée de petites roues d'ivoire comme la vielle d'amour du grand Girgiganto.

La bannière qui ombrageait le couple était bien la plus inintelligible pancarte de charlatan que j'aie jamais rencontrée; ce qui d'ailleurs ne nuit pas au succès.

Figurez-vous une large toile peinte en bleu et, au milieu de cette toile écaillée par le soleil et sillonnée par les pluies, rien autre chose que cet hiéroglyphe peint en noir:

Si le peu que je sais des récentes explications de feu Champollion ne me trompe pas, cette phrase, parfaitement égyptienne, signifie: *Aujourd'hui comme toujours pendant l'éternité*. Mais quel sens ce saltimbanque y attachait-il? C'est ce que je m'explique moins facilement, à moins pourtant que ce ne soit une déclaration passionnée faite par le porc à la colombe, dans la langue mystérieuse d'Horus, d'Épiphane et d'Amon-Ra.

Contempler une femme qui contemple un homme, même quand la femme est fort jolie et quand l'homme est fort vilain, c'est après tout un plaisir médiocre, et une fois ces diverses observations faites, je m'étais remis à déjeuner, quand tout à coup un mot français articulé sous ma fenêtre de la façon la plus nette et la plus aigre rappela mon attention sur la place. Vous me dispenserez de vous le redire. C'est un de ces mots qui sont une injure, un de ces mots malaisés à prononcer à cause du peu de décence des syllabes et dans l'intérieur desquels il y a fort mauvaise compagnie.

Je levai les yeux.

La femme qui dormait s'était réveillée. Elle était sur son séant, sa coiffe rejetée en arrière laissant voir une figure de vieille d'une laideur d'ogresse.

C'était elle qui venait de jeter à la jeune fille le mot que j'avais entendu, et son regard plein de rage semblait le lui adresser encore.

La fille ne répondit pas, sa jolie bouche prit une ineffable expression de dédain, et elle se courba sur l'homme qu'elle baisa. La vieille, exaspérée à cette caresse, répéta l'injure.

Je n'oublierai jamais avec quel coup d'œil rayonnant et superbe, sans dire un mot, la belle fille lui répliqua.

De cette petite scène je tirai deux conclusions : la première, c'est que la vieille s'était probablement réveillée pendant que la jeune faisait quelque tendresse au bateleur endormi ; la seconde, c'est que cet homme, ce pourceau, était aimé de ces deux femmes.

Histoire, du reste, qui est un peu celle de tout le monde. Hélas! qui ne s'est trouvé dans la vie pris entre la jeune et la vieille, entre le présent et le passé, entre aujourd'hui et hier, entre cette colombe et cette orfraie ?

La tranquillité hautaine de la belle exaspéra l'autre. Et alors, sans faire un geste, sans crier de peur d'ameuter la foule, parlant à demi-voix, mais d'une façon déterminée et terrible, elle lui dit pendant plus d'un quart d'heure, toujours en français, tout ce que la maîtresse dédaignée, cette triste esclave, peut dire à la sultane favorite, cette reine joyeuse.

Elle lui raconta, avec cette abondance de la fureur qui redit vingt fois les mêmes choses avec un accent différent, leur histoire à toutes deux, et l'histoire de l'homme, et l'histoire de tous les hommes et de toutes les femmes, assaisonnant le tout, je dois le dire, des injures les plus dégradantes, les plus hideuses et les plus obscènes.

Cela arrive d'ailleurs à d'autres qu'à des baladines de carrefour. Il y a, même parmi les classes qui se croient élevées et polies, des gens qui plongent leur colère dans le langage des halles, comme un charretier qui trempe son fouet dans le ruisseau pour rendre le coup plus acéré.

Sous ce débordement de haine la jeune fille souffrait visiblement. Elle était pâle, ses lèvres tremblaient ; mais elle ne répondait pas.

Seulement, elle avait posé sa main droite sur l'épaule de l'homme profondément endormi, et elle le poussait avec un mouvement régulier, lent, discret et doux pendant que la vieille parlait. Rien n'était étrange comme cette espèce de tocsin silencieux, à la fois plein de respect, d'alarme, d'angoisse et d'amour.

Enfin la belle réussit, l'homme se réveilla. Il se retourna en bâillant et dit en espagnol : *Que demonio de ruido haceis, mugeres ?*

Puis, se dressant et regardant la vieille : *Calla te, vieja.* L'ancienne se tut.

Le saltimbanque alors se leva debout, appuyé sur sa canne et écoutant d'un air de supériorité distraite la jeune fille qui, sans répondre à sa question, lui adressait je ne sais plus quelles paroles affectueuses et décousues.

Pendant ce temps-là, je le considérais à mon aise. Il pouvait avoir quarante-cinq ans. Son visage était bruni comme celui d'un matelot. A ses sourcils froncés presque douloureusement, on voyait qu'il avait souvent marché en plein midi, au grand soleil. C'était une de ces rudes et énergiques faces de gueux, dont les traits prononcés et profonds obligeaient Callot à employer pour ses eaux-fortes le vernis dur des luthiers.

Cependant, tout examen fait, il n'y avait pas dans la figure de cet homme autant de dégradation que dans son costume. Quelque chose de puissant et de généreux y respirait encore. Il appartenait évidemment, ainsi que les deux femmes, à cette société souterraine qui mine la société visible et légale et qui vit dans les sapes. Cependant, à tout prendre, je préférerais encore la physionomie sauvage de ce titan révolté, de ce gladiateur échappé, de ce voleur à profil de lion, vêtu d'un habit de marquis et d'un pantalon de soldat, à la mine polie et traître de ce pamphlétaire, déclamateur populaire ou calomniateur public, écrivain-espion qui se chauffe dans l'ombre au feu doux d'une pension secrète.

Rien ne saurait rendre l'accent de tendresse dont la fille parlait au bateleur. Elle parlait en français, il répondait en espagnol. Ce dialogue mi-parti, auquel les passants bernois ne comprenaient rien, ne semblait les gêner ni l'un ni l'autre.

Du reste, il y avait dans les paroles de la belle baladine quelque chose de bizarrement mélangé qui me rendait son origine indéchiffrable. Sa voix, gracieuse et caressante, était sourde et éraillée par moments (vous ne sauriez croire avec quelle peine j'écris ce détail qui révèle, j'en ai peur, le rhum et l'eau-de-vie ; mais que voulez-vous? la vérité est inexorable, et je ne veux qu'être vrai).

Son langage tantôt grossier, tantôt maniéré, était composé de mots ramassés dans la rue et de mots cueillis dans les salons. Figurez-vous une précieuse glissant parfois jusqu'à la poissarde, l'hôtel de Rambouillet modifié par l'échoppe, le corps de garde et la taverne.

Cela faisait le plus étrange style du monde, c'était à la fois l'argot et le jargon. Elle disait *un esbrouf* comme les bohémiennes de la foire Saint-Germain, et *un farimara* comme les duchesses du petit Marly.

A l'égard de sa rivale, elle était parfaitement grande dame. Elle ne lui faisait pas l'honneur de s'occuper d'elle, et dans ce qu'elle disait à l'homme il n'y avait rien pour la vieille, pas une plainte, pas un reproche.

Pourtant le personnage qui ne perd jamais rien, le diable, avait son compte là comme ailleurs. Il était clair que la douce favorite avait la rage dans l'âme. De temps en temps elle jetait à l'autre un regard de côté, et ce regard qui venait d'un œil si charmant était presque *féroce*.

Voici, mon ami, une observation que j'ai faite et que je vous permets d'appliquer à tous les lions et à toutes les tourterelles du genre humain. *Rien n'a l'air bon comme un lion au repos, rien n'a l'air méchant comme une tourterelle en colère.*

Je vous supplie de ne pas donner ici au mot *lion* le sens ridicule qu'on lui a fait prendre à Paris depuis quelques années, mode déplorable et sotte, comme la plupart des modes anglaises, qui déforme un des plus beaux mots de la langue et qui dégrade un des plus nobles êtres de la création.

Cependant, sous le *tais-toi, vieille!* de l'homme, l'autre était restée anéantie et stupide, immobile, son œil fixe attaché au pavé, ne paraissant pas écouter, ne paraissant pas même entendre.

Toutefois, à un certain moment, comme un garçon de l'auberge passait devant la porte à quelques pas d'elle, elle lui fit signe d'approcher. Détail auquel le couple amoureux et heureux ne fit pas la moindre attention.

Le garçon vint et se courba près de la bohémienne, qui lui dit quelques mots à l'oreille.

Le garçon répondit par un signe d'intelligence et rentra dans l'auberge.

La vieille se remit, d'un air de profonde indifférence, à faire et à défaire du bout du doigt des plis à sa jupe, laquelle, pour le dire en passant, était pareille à celle de la favorite. Seulement la jeune fille avait une jupe neuve, et la vieille femme avait une vieille jupe.

On entendait un cliquetis de vaisselle et d'argenterie dans l'auberge.

L'homme fit signe à la jeune fille de se lever.

— *Vamos. Ahora es menester entrar en la posada.*

— Oui, répondit-elle, c'est le moment. C'est l'heure de la table d'hôte.

Et elle se dressa légère comme un oiseau.

— *Que cantaras?*

— Cette chanson de la vallée de Luiz, tu sais?

— *Muy bien.*

Elle ramassa l'assiette d'étain. Il prit l'épinette dont il passa la bandoulière à son cou, puis il se tourna à demi vers l'autre :

— *Vas à quedar aqui, vieja!*

Et ils entrèrent tous deux dans l'hôtellerie.

Le regard de la vieille était retombé sur le pavé et le mien sur mon assiette; j'achevais paisiblement mon déjeuner lorsqu'un chant s'éleva dans la salle voisine, *longue halle où dînait bruyamment la table d'hôte.*

Ce chant doux, grave, légèrement enroué, soutenu par une épinette plus enrouée encore, c'était probablement la voix de la jeune fille.

Quoique la porte fût entr'ouverte, je n'entendais pas les paroles, grâce au pantagruélique accompagnement de cuillers et de fourchettes qui les couvrait.

Pour le dire en passant, je n'ai jamais vu sans une sorte d'angoisse les pauvres chanteurs ambulants, ces parias des tavernes et des cabarets, se glisser tremblants et humiliés dans ces pandémonium d'êtres voraces et formidables occupés à banqueter, et livrer leur *chétif baryton* ou leur *maigre contralto* à la merci de l'effrayant orchestre de verres, de couteaux, d'assiettes et de bouteilles qui a pour maëstro ce gros diable ventru, aux yeux ouverts, aux oreilles bouchées et aux dents effroyables qu'on appelle l'appétit.

J'étais donc en proie à des réflexions assez mélancoliques, quand tout à coup le bruit joyeux de la table d'hôte se transforma en un tumulte extraordinaire.

Le chant se tut, le choc des verres et des plats cessa brusquement, et je ne sais quel affreux vacarme lui succéda.

Figurez-vous mille cris, une rumeur de voix, de pas, de coups donnés et reçus, des chaises renversées, des tables secouées, des vaisselles brisées, une foule qui se rue, des valets qui font rage, une maison sens dessus dessous, une tempête; enfin ce que les milanais appellent si bien, dans leur dialecte pittoresque, *barataclar per ca.*

Ce cri : *Ein dieb! ein dieb!* dominait le tumulte.

Surpris, je me levai et je me dirigeai vers la salle d'où venait le vacarme.

En ce moment-là, mes yeux, qui erraient machinalement dans la place, s'arrêtèrent sur la vieille.

J'avoue que je n'allai pas plus loin.

Cette femme était transfigurée. Elle s'était levée, elle était debout, elle écoutait avidement la rumeur, et elle fixait sur l'auberge un œil éclatant, terrible, presque beau, plein de colère, plein de haine et plein de joie.

Puis cette flamme qu'elle avait dans le regard s'éteignit tout à coup. L'expression de son visage, peu transparent comme celui de tous les vieillards, redevint morne et glaciale.

Une foule sortant de la maison venait d'apparaître à la porte de l'auberge.

Je me penchai pour voir.

C'était un tas de gens de toute sorte, valets, servantes, voyageurs leur serviette à la main, jeunes garçons, vieilles femmes, entourant, avec un tourbillon de gestes et de cris, un homme et une femme qui se débattaient.

L'homme, c'était le saltimbanque; la femme, c'était la belle fille.

L'homme, tenu au collet par sept ou huit poings vigoureux, repoussait cette foule, mais avec la mine la plus calme, la plus hardie et la plus indifférente. Il marchait, mais en résistant.

Quant à la pauvre fille, pâle, décoiffée, brutalement maniée et fouillée par cinq ou six palefreniers, ses bijoux arrachés, sa guipure déchirée, elle pleurait, elle parlait d'une voix suppliante, et je dois dire qu'elle se défendait avec tout le trouble de l'innocence.

A ce brouhaha étaient déjà mêlés des espèces de sergents de ville en uniforme venus je ne sais d'où; car c'est le propre des gens de police de surgir brusquement de dessous les pavés. Un voleur maladroit frappe la terre du talon, un gendarme en sort.

Je remarquai que le garçon qui tenait le bras de la jeune fille était le même auquel la vieille avait parlé bas.

Quant à la vieille, elle ne bougeait pas. Elle regardait silencieusement emmener ses deux compagnons. Elle était devenue statue.

En passant devant elle, l'homme lui cria : *Vete, muger!*

Un moment après, tout ce groupe orageux, les deux prisonniers, les valets d'auberge, les gens de police et les passants, avait disparu derrière l'angle de la maison.

— Où vont-ils? demandai-je à un garçon qui s'était approché de moi.

Il me répondit :

— En prison.

Voici l'explication que me donna le même garçon. Pendant que la belle fille chantait debout à l'extrémité de la table d'hôte, les yeux levés au ciel, un domestique de l'hôtel — le même, me dit le garçon, qui lui tenait le bras en sortant — avait remarqué derrière elle, dans l'ombre d'un buffet où les sommeliers posaient la desserte, une certaine quantité de poivre et de sel répandue à terre. De temps en temps, l'homme qui accompagnait le chant sur l'épinette s'adossait comme fatigué à ce buffet. Le domestique parla à l'hôte de ce poivre et de ce sel. On visita l'argenterie.

Une grosse salière d'argent avait disparu.

Là-dessus le domestique s'était précipité sur la belle chanteuse, en criant : — Fouillez cette femme!

Malgré sa résistance et celle de l'homme, on l'avait fouillée, et, dans une poche cachée sous les larges plis de sa jupe, on avait trouvé la salière.

De là ce tumulte, ces cris : *ein dieb!* cette apparition de la police, et cette prison pour dénouement.

Rirez-vous de moi, mon ami? Cette aventure m'a serré le cœur.

J'en savais seul le secret.

Pour tout le monde, pour les deux prisonniers eux-mêmes, ce n'était qu'un vol puni; pour moi, c'était un drame. C'était pour l'amour que cette fille avait volé, c'était par la jalousie qu'elle était punie. Il était évident pour moi que la vieille avait d'avance dénoncé sa rivale à ce même valet d'auberge qui, quelques instants plus tard, avait remarqué le sel jeté, avait fouillé la chanteuse et l'avait menée en prison.

Sombre histoire, triviale en apparence, poétique au fond; burlesque, si vous voulez, par la bassesse des personnages, tragique, à mon sens, par la grandeur des passions.

Quoi qu'il en soit, malgré l'avis charitable de l'homme, sa victime sans le savoir : *vete, muger!* la vieille était demeurée là.

Elle ne triomphait plus, son œil vitreux était devenu horrible et triste; l'arrière-goût de la vengeance est mauvais.

Elle était encore à la même place, quand un petit peloton de soldats, conduit par un homme de police et grossi d'une nuée de gamins, parut et l'entoura subitement. Les soldats saisirent la cage, déracinèrent la bannière et intimèrent à la vieille l'ordre de marcher dans leurs rangs.

Sa tête tomba sur sa poitrine et elle obéit sans proférer une syllabe.

Cependant les gamins, joyeux et déchaînés autour d'elle, l'assourdissaient de clameurs et de huées, et l'un d'eux, le plus grand, lequel savait quelques injures en français, la poursuivait avec cet inexplicable acharnement de l'enfance, qui est si douce quand elle est douce, et si cruelle quand elle est cruelle.

L'égyptienne supporta d'abord cette avanie avec un air de dédain; mais tout à coup, sortant du milieu des soldats stupéfaits et faisant trois pas à travers les enfants, elle dit au plus grand avec sa voix d'orfraie, en étendant le bras : — *Voilà ta potence!*

Elle resta dans cette attitude quelques instants.

Je n'avais pas encore remarqué la haute taille de cette femme. Ainsi vêtue de noir, maigre, pâle, droite parmi ces enfants et le bras étendu, c'était la figure même d'un gibet vivant.

Les soldats la reprirent, les enfants redoublèrent leurs rires et leurs cris, et, une minute après, elle avait disparu, comme les deux autres, à l'angle de la maison.

IV

SUR LA ROUTE D'AIX-LES-BAINS

21 septembre, 7 heures du matin.

Au loin sur les croupes âpres et vertes du Jura les lits jaunes des torrents desséchés dessinaient de toutes parts des Y.

Avez-vous remarqué combien l'Y est une lettre pittoresque qui a des significations sans nombre ? — L'arbre est un Y ; l'embranchement de deux routes est un Y ; le confluent de deux rivières est un Y ; une tête d'âne ou de bœuf est un Y ; un verre sur son pied est un Y ; un lys sur sa tige est un Y ; un suppliant qui lève ses bras au ciel est un Y.

Au reste cette observation peut s'étendre à tout ce qui constitue élémentairement l'écriture humaine. Tout ce qui est dans la langue démotique y a été versé par la langue hiératique. L'hiéroglyphe est la raison nécessaire du caractère. Toutes les lettres ont d'abord été des signes et tous les signes ont d'abord été des images.

La société humaine, le monde, l'homme tout entier est dans l'alphabet. La maçonnerie, l'astronomie, la philosophie, toutes les sciences ont là leur point de départ, imperceptible, mais réel ; et cela doit être. L'alphabet est une source.

A, c'est le toit, le pignon avec sa traverse, l'arche, *ara* ; ou c'est l'accolade de deux amis qui s'embrassent et qui se serrent la main ; D, c'est le dos ; B, c'est le D sur le D, le dos sur le dos, la bosse ; C, c'est le croissant, c'est la lune ; E, c'est le soubassement, le pied droit, la console et l'étrave, l'architrave, toute l'architecture à plafond dans une seule lettre ; F, c'est la potence, la fourche, *furca* ; G, c'est le cor ; H, c'est la façade de l'édifice avec ses deux tours ; I, c'est la machine de guerre lançant le projectile ; J, c'est le soc et c'est la corne d'abondance ; K, c'est l'angle de réflexion égal à l'angle d'incidence, une des clefs de la géométrie ; L, c'est la jambe et le pied ; M, c'est la montagne, ou c'est le camp, les tentes accouplées ; N, c'est la porte fermée avec sa barre diagonale ; O, c'est le soleil ; P, c'est le portefaix debout avec sa charge sur le dos ; Q, c'est la croupe avec la queue ; R, c'est le repos, le portefaix appuyé sur son bâton ; S, c'est le serpent ; T, c'est le marteau ; U, c'est l'urne ; V, c'est le vase (de là vient qu'on le confond souvent) ; je viens de dire ce que c'est qu'Y ; X, ce sont les épées croisées, c'est le combat ; qui sera le vainqueur ? on l'ignore ; aussi les hermétiques ont-ils pris X pour le signe du destin, les algébristes pour le signe de l'inconnu ; Z, c'est l'éclair, c'est Dieu.

Ainsi, d'abord la maison de l'homme et son architecture, puis le corps de l'homme, et sa structure et ses difformités ; puis la justice, la musique, l'église ; la guerre, la moisson, la géométrie ; la montagne ; la vie nomade, la vie cloîtrée ; l'astronomie ; le travail et le repos ; le cheval et le serpent ; le marteau et l'urne, qu'on renverse et qu'on accouple et dont on fait la cloche ; les arbres, les fleuves, les chemins ; enfin le destin et Dieu, — voilà ce que contient l'alphabet.

Il se pourrait aussi que, pour quelques-uns de ces constructeurs mystérieux des langues qui bâtissent les bases de la mémoire humaine et que la mémoire humaine oublie, l'A, l'E, l'F, l'H, l'I, le K, l'L, l'M, l'N, le T, le V, l'Y, l'X et le Z ne fussent autre chose que les membrures diverses de la charpente du temple.

ANCIENNE RUE DES DÔMES A GENÈVE (DESSIN DE VICTOR HUGO).

V

GENÈVE

Je suis à Aix-les-Bains. Je descends en hâte vers le midi. Il fait un temps affreux en Suisse. Plusieurs routes vers le nord sont rompues.

J'ai passé à Lausanne avant-hier, mon Adèle, et j'ai bien songé à toi. Nous n'avons qu'entrevu Lausanne, tu t'en souviens, par un beau clair de lune, en 1825. L'église, quoique belle, est au-dessous de l'idée qui m'en était restée. Le soir, par un hasard étrange, précisément le même clair de lune est revenu et j'ai revu l'église aussi belle qu'en 1825. La lune est le cache-sottises des architectes. La cathédrale de Lausanne a un peu besoin de sa lune.

Genève a beaucoup perdu et croit, hélas! avoir beaucoup gagné. La rue des Dômes a été démolie. La vieille rangée de maisons vermoulues, qui faisait à la ville une façade si pittoresque sur le lac, a disparu. Elle est remplacée par un quai blanc, orné d'une ribambelle de grandes casernes blanches que ces bons genevois prennent pour des palais. Genève, depuis quinze ans, a été raclée, ratissée, nivelée, tordue et sarclée de telle sorte qu'à l'exception de la butte Saint-Pierre et des ponts sur le Rhône, il n'y reste plus une vieille maison. — Maintenant Genève est une platitude entourée de bosses.

Mais ils auront beau faire, ils auront beau embellir leur ville, comme ils ne pourront jamais gratter le Salève, recrépir le Mont-Blanc et badigeonner le Léman, je suis tranquille.

Rien de plus maussade que ces petits Paris manqués qu'on rencontre maintenant dans les provinces en France et hors de France. On s'attend à une vieille ville avec ses tours, ses devantures sculptées, des rues historiques, des clochers gothiques ou romans, et l'on trouve une fausse rue de Rivoli, une fausse Madeleine qui ressemble à la façade du théâtre Bobino, une fausse colonne Vendôme qui a l'air d'une colonne-affiche.

Le provincial prétend faire admirer cela au parisien; le parisien hausse les épaules, le provincial se fâche. Voilà comment je me suis déjà brouillé avec toute la Bretagne, voilà comment je me brouillerai avec Genève.

Genève n'en est pas moins une ville admirablement située où il y a beaucoup de jolies femmes, quelques hautes intelligences et force marmots ravissants jouant sous les arbres au bord du lac. Avec cela on peut lui pardonner son petit gouvernement inepte, ridicule et tracassier, sa chétive et grotesque inquisition de passe-ports, ses boutiques de contrefaçons, ses quais neufs, son île de Jean-Jacques chaussée d'un sabot de pierre, sa rue de Rivoli, et son jaune et son blanc et son plâtre et sa craie.

Cependant encore un peu et Genève deviendrait une ville ennuyeuse.

Hier, c'était une fête, un ensuissement, comme ils disent. On tirait des boîtes. Tout le monde parlait genevois. J'avais perdu la clef de ma montre, il m'a été impossible de trouver un horloger travaillant. Genève ne se connaissait plus. On allait sur l'eau malgré les seiches; des gamins polissonnaient dans les bergues et les promeneurs dégradaient les talus-gazonnages.

Je ris; je ne riais pas pourtant. Je me promenais solitairement dans cette ville où je m'étais promené avec toi il y a quatorze ans. J'étais triste et plein de pensées bonnes et tendres dont tu aurais peut-être été heureuse. mon Adèle.

Depuis Bâle jusqu'au delà de Lausanne j'ai voyagé avec une famille suisse excellente et charmante. Six personnes. Le père est un vieillard distingué, lettré, aimable, plein d'enseignements utiles, qui m'a rappelé ton père. La fille aînée est une jeune veuve agréable (dans le genre de Mme François). Elle a désiré voir Chillon. je lui ai offert mon bras, elle a accepté; le frère aîné, brave étudiant enthousiaste, s'est mis de la partie et nous avons fait tous les trois l'expédition du château.

A Coppet la famille suisse m'a quitté. Je la regrette fort.

Mais ce que je regrette, c'est toi, c'est vous tous, mes bien-aimés ; avant un mois, je vous reverrai. Mon voyage est un travail ; sans quoi je l'abrégerais. J'ai bien besoin de vous embrasser tous. Je vous aime tous.

Et, bien entendu, je n'excepte pas mon cher Vacquerie.

PYRÉNÉES

—

1843

I

LA LOIRE. — BORDEAUX

Bordeaux, 20 juillet.

Vous qui ne voyagez jamais autrement que par l'esprit, allant de livre en livre, de pensée en pensée, et jamais de pays en pays, vous qui passez tous vos étés à l'ombre des mêmes arbres et tous vos hivers au coin de la même cheminée, vous voulez, dès que je quitte Paris, que je vous dise, moi vagabond, à vous solitaire, tout ce que j'ai fait et tout ce que j'ai vu. Soit. J'obéis.

Ce que j'ai fait depuis avant-hier 18 juillet? Cent cinq lieues en trente-six heures. Ce que j'ai vu? J'ai vu Étampes, Orléans, Blois, Tours, Poitiers et Angoulême.

En voulez-vous davantage? Vous faut-il des descriptions? Voulez-vous savoir ce que c'est que ces villes, sous quels aspects elles me sont apparues, quel butin d'histoire, d'art et de poésie j'y ai recueilli chemin faisant, tout ce que j'ai vu enfin? Soit. J'obéis encore.

Étampes, c'est une grosse tour entrevue à droite dans le crépuscule au-dessus des toits d'une longue rue, et l'on entend des postillons qui disent : — « Encore un malheur au chemin de fer! deux diligences écrasées, les voyageurs tués. La vapeur a enfoncé le convoi entre Étampes et Étrechy. Au moins, nous autres, nous n'enfonçons pas. »

Orléans, c'est une chandelle sur une table ronde dans une salle basse où une fille pâle vous sert un bouillon maigre.

Blois, c'est un pont à gauche avec un obélisque pompadour. Le voyageur soupçonne qu'il peut y avoir des maisons à droite, peut-être une ville.

Tours, c'est encore un pont, une grande rue large, et un cadran qui marque neuf heures du matin.

Poitiers, c'est une soupe grasse, un canard aux navets, une matelote d'anguilles, un poulet rôti, une sole frite, des haricots verts, une salade et des fraises.

Angoulême, c'est une lanterne éclairée au gaz avec une muraille portant cette inscription : Café de la Marine, et à gauche un autre muraille ornée d'une affiche bleue sur laquelle on lit : la Rue de la Lune, vaudeville.

Voilà ce que c'est que la France quand on la voit en malle-poste. Que sera-ce lorsqu'on la verra en chemin de fer?

—

J'ai quelque idée de l'avoir déjà dit ailleurs, on a beaucoup trop vanté la Loire et la Touraine. Il est temps de faire et de rendre justice. La Seine est beaucoup plus belle que la Loire; la Normandie est un bien plus charmant « jardin » que la Touraine.

Une eau jaune et large, des rives plates, des peupliers partout, voilà la Loire. Le peuplier est le seul arbre qui soit bête. Il masque tous les horizons de la Loire. Le long de la rivière, dans les îles, au bord de la levée, au fond des lointains, on ne voit que peupliers. Il y a pour mon esprit je ne sais quel rapport intime, je ne sais quelle ineffable ressemblance entre un paysage composé de peupliers et une tragédie écrite en vers alexandrins. Le peuplier est comme l'alexandrin, une des formes classiques de l'ennui.

Il pleuvait, j'avais passé une nuit sans sommeil, je ne sais si cela m'a mis de mauvaise humeur, mais tout sur la Loire m'a paru froid, triste, méthodique, monotone, compassé et solennel.

On rencontre de temps en temps des convois de cinq

ou six embarcations qui remontent ou descendent le fleuve. Chaque bateau n'a qu'un mât et une voile carrée. Celui qui a la plus grande voile précède les autres et les traîne. Le convoi est disposé de façon que les voiles vont diminuant de grandeur d'un bateau à l'autre du premier au dernier avec une sorte de décroissance symétrique que n'interrompt aucune saillie, que ne dérange aucun caprice. On se rappelle involontairement la caricature de la famille anglaise, et l'on croirait voir voguer à pleines voiles une gamme chromatique. Je n'ai vu cela que sur la Loire ; et je préfère, je l'avoue, les sloops et les chasse marée normands, de toutes formes et de toutes grandeurs, qui volent comme des oiseaux de proie, et qui mêlent leurs voiles jaunes et rouges dans la bourrasque, la pluie et le soleil, entre Quillebœuf et Tancarville.

Les espagnols appellent le Manzanares *le vicomte des fleuves* ; je propose d'appeler la Loire *la douairière des rivières*.

La Loire n'a pas, comme la Seine et le Rhin, une foule de jolies villes et de beaux villages bâtis au bord même du fleuve et mirant leurs pignons, leurs clochers et leurs devantures dans l'eau. La Loire traverse une grande alluvion du déluge qu'on appelle la Sologne : elle en rapporte des sables que son flot charrie et qui obstruent souvent et encombrent son lit. De là, dans ces plaines basses, des crues et des inondations fréquentes qui refoulent au loin les villages. Sur la rive droite, ils s'abritent derrière la levée. Mais là ils sont à peu près perdus pour le regard ; le passant ne les voit pas.

Pourtant la Loire a ses beautés. Mme de Staël, exilée par Napoléon à cinquante lieues de Paris, apprit qu'il y avait sur les bords de la Loire, exactement à cinquante lieues de Paris, un château appelé, je crois, Chaumont. Ce fut là qu'elle se rendit, ne voulant pas aggraver son exil d'un quart de lieue. Je ne la plains pas. Chaumont est une noble et seigneuriale demeure.

Le château, qui doit être du seizième siècle, est d'un beau style ; les tours ont de la masse. Le village, au bas de la colline couverte d'arbres, présente précisément un aspect peut-être unique sur la Loire, l'aspect d'un village du Rhin, une longue façade développée au bord de l'eau.

Amboise est une gaie et jolie ville, couronnée d'un magnifique édifice, à une demi-lieue de Tours, vis-à-vis de ces trois précieuses arches de l'ancien pont qui disparaîtront un de ces jours dans quelque embellissement municipal.

C'est une belle et grande chose que la ruine de l'abbaye de Marmoutiers. Il y a particulièrement, à quelques pas de la route, une construction du quinzième siècle la plus originale que j'aie vue : maison par sa dimension, forteresse par ses mâchicoulis, hôtel de ville par son beffroi, église par son portail-ogive. Cette construction *résume et rend pour ainsi dire visible* à l'œil l'espèce d'autorité hybride et complexe qui, dans les temps féodaux, s'attachait aux abbayes en général et en particulier à l'abbaye de Marmoutiers.

Mais ce que la Loire a de plus pittoresque et de plus grandiose, c'est une immense muraille calcaire mêlée de grès, de pierre meulière et d'argile à potier, qui borde et encaisse sa rive droite, et qui se développe au regard, de Blois à Tours, avec une variété et une gaieté inexprimables, tantôt roche sauvage, tantôt jardin anglais, couverte d'arbres et de fleurs, couronnée de ceps qui mûrissent et de cheminées qui fument, trouée comme une éponge, habitée comme une fourmilière.

Il y a là des cavernes profondes où se cachaient jadis les faux monnayeurs qui contrefaisaient l'E de la monnaie de Tours et inondaient la province de faux sous tournois. Aujourd'hui, les rudes embrasures de ces antres sont fermées par de jolis châssis coquettement ajustés dans la roche, et de temps en temps on aperçoit à travers la vitre le gracieux profil d'une jeune fille bizarrement coiffée, occupée à mettre en boîte l'anis, l'angélique et la coriandre. Les confiseurs ont remplacé les faux monnayeurs.

Et, puisque j'en suis à ce que la Loire a de charmant, je remercie le hasard de m'avoir naturellement amené à vous parler des belles filles qui travaillent et qui chantent au milieu de cette belle nature.

La terra molle, e lieta, e dilettosa,
Simili a se gli habitatori produce.

Au rebours de la Loire, on n'a pas assez vanté Bordeaux, ou du moins on l'a mal vanté.

On loue Bordeaux comme on loue la rue de Rivoli : régularité, symétrie, grandes façades blanches et toutes pareilles les unes aux autres, etc. ; ce qui pour l'homme de sens veut dire architecture insipide, ville ennuyeuse à voir. Or, pour Bordeaux, rien n'est moins exact.

Bordeaux est une ville curieuse, originale, peut-être unique. Prenez Versailles et mèlez-y Anvers, vous avez Bordeaux.

J'excepte pourtant du mélange — car il faut être juste — les deux plus grandes beautés de Versailles et d'Anvers, le château de l'une et la cathédrale de l'autre.

Il y a deux Bordeaux, le nouveau et l'ancien.

Tout dans le Bordeaux moderne respire la grandeur comme à Versailles ; tout dans le vieux Bordeaux raconte l'histoire comme à Anvers.

Ces fontaines, ces colonnes rostrales, ces vastes allées si bien plantées, cette place Royale qui est tout simplement la moitié de la place Vendôme posée au bord de l'eau, ce pont d'un demi-quart de lieue, ce quai superbe, ces larges rues, ce théâtre énorme et monumental, voilà des choses que n'efface aucune des splendeurs de Versailles, et qui dans Versailles même entoureraient dignement le grand château qui a logé le grand siècle.

Ces carrefours inextricables, ces labyrinthes de passages et de bâtisses, cette rue des Loups qui rappelle le temps où les loups venaient dévorer les enfants dans l'intérieur de la ville, ces maisons forteresses jadis hantées par les démons d'une façon si incommode qu'un arrêt du Parlement déclara en 1596 qu'il suffisait qu'un logis fût fréquenté par le diable pour que le bail en fût résilié de plein droit, ces façades couleur amadou sculptées par le fin ciseau de la renaissance, ces portails et ces escaliers ornés de balustres et de piliers tors peints en bleu à la mode flamande, cette charmante et délicate porte de Caillau bâtie en mémoire de la bataille de Fornoue, cette autre belle porte de l'hôtel de ville qui laisse voir son beffroi si fièrement suspendu sous une arcade à jour, ces tronçons informes du lugubre fort de Hâ, ces vieilles églises, Saint-André avec ses deux flèches, Saint-Seurin dont les chanoines gourmands vendirent la ville de Langon pour douze lamproies par an, Sainte-Croix qui a été brûlée par les normands, Saint-Michel qui a été brûlée par le tonnerre, tout cet amas de vieux porches, de vieux pignons et de vieux toits, ces souvenirs qui sont des monuments, ces édifices qui sont des dates, seraient dignes, certes, de se mirer dans l'Escaut, comme ils se mirent dans la Gironde, et de se grouper parmi les masures flamandes les plus fantasques autour de la cathédrale d'Anvers.

Ajoutez à cela, mon ami, la magnifique Gironde encombrée de navires, un doux horizon des collines vertes un beau ciel, un chaud soleil, et vous aimerez Bordeaux, même vous qui ne buvez que de l'eau et qui ne regardez pas les jolies filles.

Elles sont charmantes ici avec leur madras orange ou rouge comme celles de Marseille avec leurs bas jaunes.

C'est un instinct des femmes dans tous les pays d'ajouter la coquetterie à la nature. La nature leur donne la chevelure, cela ne leur suffit pas, elles y ajoutent la coiffure ; la nature leur donne le cou blanc et souple, c'est peu de chose, elles y attachent le collier ; la nature leur donne le pied fin et souple, ce n'est point assez, elles le rehaussent par la chaussure. Dieu les a faites belles, cela ne leur suffit pas, elles se font jolies.

Et au fond de la coquetterie, il y a une pensée, un sentiment, si vous voulez, qui remonte jusqu'à notre mère Ève. Permettez-moi un paradoxe, un blasphème qui, j'en ai bien peur, contient une vérité : c'est Dieu qui fait la femme belle, c'est le démon qui la fait jolie.

Qu'importe, ami ! aimons la femme, même avec ce que le diable y ajoute.

Car il me semble en vérité que je prêchais. Cela ne me va guère. Revenons, s'il vous plaît, à Bordeaux.

La double physionomie de Bordeaux est curieuse ; c'est le temps et le hasard qui l'ont faite ; il ne faut point que les hommes la gâtent. Or on ne peut se dissimuler que la manie des rues « bien percées » comme on dit, et des constructions de « bon goût » gagne chaque jour du terrain et va effaçant du sol la vieille cité historique. En d'autres termes, le Bordeaux-Versailles tend à dévorer le Bordeaux-Anvers.

Que les bordelais y prennent garde ! Anvers, à tout prendre, est plus intéressant pour l'art, l'histoire et le passé que Versailles. Versailles ne représente qu'un homme et un règne ; Anvers représente tout un peuple et plusieurs siècles. Maintenez donc l'équilibre entre les deux cités ; mettez le holà entre Anvers et Versailles ; embellissez la ville nouvelle, conservez la ville ancienne. Vous avez eu une histoire, vous avez été une nation, souvenez-vous-en, soyez-en fiers !

Rien de plus funeste et de plus amoindrissant que les grandes démolitions. Qui démolit sa maison, démolit sa famille ; qui démolit sa ville démolit sa patrie ; qui détruit sa demeure, détruit son nom. C'est le vieil honneur qui est dans ces vieilles pierres.

Toutes ces masures dédaignées sont des masures illustres ; elles parlent, elles ont une voix ; elles attestent ce que vos pères ont fait.

L'amphithéâtre de Gallien dit : J'ai vu proclamer empereur Tetricus, gouverneur des Gaules ; j'ai vu naître Ausone, qui a été poëte et consul romain ; j'ai vu Saint-Martin présider le premier concile, j'ai vu passer Abdérame, j'ai vu passer le Prince Noir. Sainte-Croix dit : J'ai vu Louis le Jeune épouser Éléonore de Guyenne, Gaston de Foix épouser Madeleine de France, Louis XIII épouser Anne d'Autriche. Le Peyberland dit : J'ai vu Charles VII et Catherine de Médicis. Le beffroi dit : C'est sous ma voûte qu'ont siégé Michel Montaigne qui fut maire, et Montesquieu qui fut président. La vieille muraille dit : C'est par ma brèche qu'est entré le connétable de Montmorency.

Est-ce que tout cela ne vaut pas une rue tirée au cordeau? Tout cela, c'est le passé; le passé, chose grande, vénérable et féconde.

Je l'ai dit autre part, respectons les édifices et les livres; là seulement le passé est vivant, partout ailleurs il est mort. Or le passé est une partie de nous-mêmes, la plus essentielle, peut-être. Tout le flot qui nous porte, toute la sève qui nous vivifie nous vient du passé. Qu'est-ce qu'un arbre sans sa racine? Qu'est-ce qu'un fleuve sans sa source? Qu'est-ce qu'un peuple sans son passé?

M. de Tourny, l'intendant de 1743, qui a commencé la destruction du vieux Bordeaux et la construction du nouveau, a-t-il été utile ou funeste à la ville? C'est une question que je n'examine pas. On lui a élevé une statue, il y a la rue Tourny, le quai Tourny, le cours Tourny, c'est fort bien. Mais en admettant qu'il ait si grandement servi la cité, est-ce une raison pour que Bordeaux se présente au monde comme n'ayant jamais eu que M. de Tourny?

Quoi! Auguste vous avait érigé le temple de Tutelle; vous l'avez jeté bas. Gallien vous avait édifié l'amphithéâtre ; vous l'avez démantelé. Clovis vous avait donné le palais de l'Ombrière; vous l'avez ruiné. Les rois d'Angleterre vous avaient construit une grande muraille du fossé des Tanneurs au fossé des Salinières; vous l'avez arrachée de terre. Charles VII vous avait bâti le Château-Trompette, vous l'avez démoli. Vous déchirez l'une après l'autre toutes les pages de votre vieux livre, pour ne garder que la dernière; vous chassez de votre ville et vous effacez de votre histoire Charles VII, les rois d'Angleterre, les ducs de Guienne, Clovis, Gallien et Auguste, et vous dressez une statue à M. de Tourny? C'est renverser quelque chose de bien grand pour élever quelque chose de bien petit.

21 juillet.

Le pont de Bordeaux est la coquetterie de la ville. Il y a toujours sur le pont quatre hommes occupés à rejointoyer le pavé et à fourbir le trottoir. En revanche, les églises sont fort tristement délabrées.

Pourtant n'est-il pas vrai que tout, dans une église, mérite religion, jusqu'aux pierres? C'est ce qu'oublient volontiers les prêtres, qui sont les premiers démolisseurs.

Les deux principales églises de Bordeaux, Saint-André et Saint-Michel, ont au lieu de clochers des campaniles isolés de l'édifice principal comme à Venise et à Pise.

Le campanile de Saint-André, qui est la cathédrale, est une assez belle tour dont la forme rappelle la tour de Beurre de Rouen et qu'on nomme le Peyberland, du nom de l'archevêque Pierre Berland, lequel vivait en 1480. La cathédrale a en outre les deux flèches hardies et percées à jour dont je vous ai déjà parlé. L'église commencée au onzième siècle, comme l'attestent les piliers romans de la nef, a été laissée là pendant trois siècles, pour être reprise sous Charles VII et terminée sous Charles VIII. La ravissante époque de Louis XII y a mis la dernière main et a construit, à l'extrémité opposée à l'abside, un porche exquis qui supporte les orgues. Les deux grands bas-reliefs appliqués à la muraille sous ce porche sont deux tableaux de pierre du plus beau style, et on pourrait presque dire, tant le modelé en est puissant, de la plus magnifique couleur. Dans le tableau à gauche l'aigle et le lion adorent le Christ avec un regard profond et intelligent, comme il convient que les génies adorent Dieu. Le portail, quoique simplement latéral, est d'une grande beauté.

Mais j'ai hâte de vous parler d'un vieux cloître en ruine qui accoste la cathédrale au midi et où je suis entré par hasard.

Rien n'est plus triste et plus charmant, plus imposant et plus abject. Figurez-vous cela. De sombres galeries percées d'ogives à fenestrage flamboyant; un treillis de bois sur ces ogives ; le cloître transformé en hangar, toutes les dalles dépavées, la poussière et les toiles d'araignées partout; des latrines dans une cour voisine; des lampadaires de cuivre rouillé, des croix noires, des sabliers d'argent, toute la défroque des corbillards et des croque-morts dans les coins obscurs; et, sous ces faux cénotaphes de bois et de toile peinte, de vrais tombeaux qu'on entrevoit avec leurs sévères statues trop bien couchées pour qu'elles puissent se relever et trop bien endormies pour qu'elles puissent se réveiller. N'est-ce pas scandaleux? Ne faut-il pas accuser le prêtre de la dégradation de l'église et de la profanation des tombeaux? Quant à moi, si j'avais à tracer aux prêtres leur devoir, je le ferais en deux mots: *Pitié pour les vivants, piété pour les morts!*

Au milieu, entre les quatre galeries du cloître, les débris et les décombres obstruent un petit coin, jadis cimetière, où les hautes herbes, le jasmin sauvage, les ronces et les broussailles croissent, et se mêlent, on pourrait presque dire, avec une joie inexprimable. C'est la végétation qui saisit l'édifice, c'est l'œuvre de Dieu qui l'emporte sur l'œuvre de l'homme.

Pourtant cette joie n'a rien de méchant ni d'amer. C'est l'innocente et royale gaieté de la nature. Rien de plus. Au milieu des ruines et des herbes, mille fleurs s'épanouissent. Douces et charmantes fleurs! Je sentais leurs parfums venir jusqu'à moi, je voyais s'agiter leurs jolies têtes blanches, jaunes et bleues, et il me semblait qu'elles s'efforçaient toutes à qui mieux mieux de consoler les pauvres pierres abandonnées.

D'ailleurs, c'est la destinée. Les moines s'en vont avant les prêtres, et les cloîtres s'écroulent avant les églises.

De Saint-André, je suis allé à Saint-Michel... — Mais on m'appelle, la voiture de Bayonne va partir, je vous dirai la prochaine fois ce qui m'est arrivé dans cette visite à Saint-Michel.

TOUR SAINT-MICHEL. — BORDEAUX.

CAMPANILE DE SAINT-MICHEL
Bordeaux, 20 juillet.

II

DE BORDEAUX A BAYONNE

Bayonne, 23 juillet.

Il faut être un voyageur endurci et coriace pour se trouver à l'aise sur l'impériale de la diligence Dotézac, laquelle va de Bordeaux à Bayonne. Je n'avais, de ma vie, rencontré une banquette rembourrée avec cette férocité. Ce divan pourra du reste rendre service à la littérature et fournir une métaphore nouvelle à ceux qui en ont besoin. On renoncera aux antiques comparaisons classiques qui exprimaient depuis trois mille ans la dureté d'un objet; on laissera reposer l'acier, le bronze, le cœur des tyrans. Au lieu de dire:

> Le Caucase en courroux,
> Cruel, t'a fait le cœur plus dur que les cailloux!

les poètes diront: *Plus dur que la banquette de la diligence Dotézac.*

On n'escalade pourtant pas cette position élevée et rude sans quelque difficulté. Il faut d'abord payer quatorze francs, cela va sans dire; et puis il faut donner son nom au conducteur. J'ai donc donné mon nom.

Quand on m'interroge touchant mon nom dans les bureaux de diligence, j'en ôte volontiers la première syllabe, et je réponds *M. Go*, laissant l'orthographe à la fantaisie du questionneur. Lorsqu'on me demande comment la chose s'écrit, je réponds: *Je ne sais pas.* Cela contente en général l'écrivain du registre, il saisit la syllabe que je lui livre, et il brode ce simple thème avec plus ou moins d'imagination, selon qu'il est ou n'est pas homme de goût. Cette façon de faire m'a valu, dans mes diverses promenades, la satisfaction de voir mon nom écrit des manières variées que voici:

M. Go. — M. Got. — M. Gaut. — M. Gault. — M. Gaud. — M. Gauld. — M. Gaulx. — M. Gaux. — M. Gau.

Aucun de ces rédacteurs n'a encore eu l'idée d'écrire *M. Goth* Je n'ai, jusqu'à présent, constaté cette nuance que dans les satires de M. Viennet et dans les feuilletons du *Constitutionnel.*

L'écrivain du bureau Dotézac a d'abord écrit M. Gau, puis il a hésité un instant, a regardé le mot qu'il venait de tracer, et le trouvant sans doute un peu nu, y a ajouté un x. C'est donc sous le nom de Gaux que je suis monté sur la redoutable sellette où MM. Dotézac frères promènent leurs patients pendant cinquante-cinq lieues.

J'ai déjà observé que les bossus aiment l'impériale des voitures. Je ne veux pas approfondir les harmonies; mais le fait est que sur l'impériale de la diligence de Meaux, j'en avais rencontré un, et que sur l'impériale de la diligence de Bayonne j'en ai rencontré deux. Ils voyageaient ensemble, et, ce qui rendait l'accouplement curieux, c'est que l'un était bossu par derrière et l'autre par devant. Le premier paraissait exercer je ne sais quel ascendant sur le second, qui avait son gilet entr'ouvert et débraillé, et au moment où j'arrivai, il lui dit avec autorité: *Mon cher, boutonnez votre difformité.*

Le conducteur de la voiture regardait les deux bossus d'un air humilié. Ce brave homme ressemblait parfaitement à M. de Rambuteau. En le contemplant, je me disais qu'il suffirait peut-être de le raser pour en faire un préfet de la Seine, et qu'il suffirait aussi que M. de Rambuteau ne se rasât plus pour faire un excellent conducteur de diligences.

L'assimilation, comme on dit aujourd'hui dans la langue politique, n'a du reste rien de fâcheux, ni de blessant. Une diligence, c'est bien plus qu'une préfecture; c'est l'image parfaite d'une nation avec sa constitution et son gouvernement. La diligence a trois compartiments comme l'état. L'aristocratie est dans le coupé; la bourgeoisie est dans l'intérieur; le peuple est dans la rotonde. Sur l'impériale, au-dessus de tous, sont les rêveurs, les artistes, les gens déclassés. La loi, c'est le conducteur, qu'on traite volontiers de tyran; le ministère, c'est le postillon qu'on change à chaque relais. Quand la voiture est trop chargée de bagages, c'est-à-dire quand la société met les intérêts matériels par-dessus tout, elle court risque de verser.

Puisque nous sommes en train de rajeunir les métaphores antiques, je conseille aux digues lettrés qui embourbent si souvent dans leur style le *char de l'état* de dire désormais la *diligence de l'état*. Ce sera moins noble, mais plus exact.

Du reste la route était fort belle et l'on allait grand train. Cela tient à une lutte qu'il y a en ce moment entre la diligence Dotézac et cette autre voiture que les postillons Dotézac appellent dédaigneusement *la concurrence*, sans la désigner autrement. Cette voiture m'a paru bonne ; elle est neuve, coquette et jolie. De temps en temps elle nous *passait*, et alors elle trottait une heure ou deux devant nous à vingt pas, jusqu'à ce que nous lui rendissions la pareille. C'était fort désagréable. Dans les anciens combats classiques, on faisait « mordre la poussière » à son ennemi ; dans ceux-ci, on se contente de la lui faire avaler.

Les Landes, de Bazas à Mont-de-Marsan, ne sont autre chose qu'une interminable forêt de pins, semée çà et là de grands chênes, et coupée d'immenses clairières qui couvrent à perte de vue les landes vertes, les genêts jaunes et les bruyères violettes. La présence de l'homme se révèle dans les parties les plus désertes de cette forêt par de longues lanières d'écorce enlevées au tronc des pins pour l'écoulement de la résine.

Point de villages, mais d'intervalle en intervalle deux ou trois maisons à grands toits, couvertes de tuiles creuses à la mode d'Espagne et abritées sous des bouquets de chênes et de châtaigniers. Parfois le paysage devient plus âpre, les pins se perdent à l'horizon, tout est bruyère ou sable ; quelques chaumières basses, enfouies sous une sorte de fourrure de fougères sèches appliquées au mur, apparaissent çà et là, puis on ne les voit plus, et l'on ne rencontre plus rien au bord de la route que la hutte de terre d'un cantonnier et, par instants, un large cercle de gazon brûlé et de cendre noire indiquant la place d'un feu nocturne.

Toutes sortes de troupeaux paissent dans les bruyères, troupeaux d'oies et de porcs conduits par des enfants, troupeaux de moutons noirs ou roux conduits par des femmes, troupeaux de bœufs à grandes cornes conduits par des hommes à cheval. Tel troupeau, tel berger.

Sans m'en apercevoir et croyant ne peindre qu'un désert, je viens d'écrire une maxime d'état.

Et à ce propos croiriez-vous qu'au moment où je traversais les landes, tout y parlait politique ? Cela ne va guère à un pareil paysage, n'est-ce pas ? Un souffle de révolution semblait agiter ces vieux pins.

C'était l'instant précis où Espartero s'écroulait en Espagne. On ne savait encore rien et l'on pressentait tout. Les postillons, en montant sur leur siège, disaient au conducteur : — *Il est à Cadix. — Non, il s'est embarqué. — Oui, pour l'Angleterre. — Non, pour la France. — Il ne veut ni de la France ni de l'Angleterre. Il va dans une colonie espagnole. — Bah !*

Les deux bossus mêlaient leur politique à la politique du postillon, et le bossu par devant disait avec grâce : *Espartero a pris Lafuite et Caillard.*

A mesure que nous approchions de Mont-de-Marsan, les routes se couvraient d'espagnols, à pied, à cheval,

en voiture, voyageant par bandes ou isolément. Sur une charrette chargée d'hommes en guenilles, j'ai vu une jeune paysanne, vêtue d'une mode gracieuse, et qui avait sur sa jolie tête grave et douce le chapeau le plus exquis qu'on pût voir ; quelque chose de noir bordé de quelque chose de rouge ; c'était charmant. Qu'est-ce que c'est donc qu'une politique qui a des coups de vent capables de chasser de son pays une pauvre jolie fille si bien coiffée ?

Pendant que de nouveaux réfugiés arrivent, les anciens réfugiés s'en vont. Dans deux berlines de poste qui galopaient en sens inverse et qui avaient dû se croiser, j'ai rencontré Mme la duchesse de Gor qui s'en allait vers Madrid, et Mme la duchesse de San Fernando qui s'en allait vers Paris. Deux diligences pleines d'espagnols se sont croisées à moitié chemin entre Captieux et les Traverses et, suivant une habitude des postillons en pareil cas, ont échangé leurs attelages. Les mêmes chevaux qui venaient de ramener vers la patrie les proscrits d'hier ont remmené vers l'exil les proscrits d'aujourd'hui.

Du reste, quelle que fût la nouvelle révolution qui s'accomplissait si près de nous, elle ne troublait qu'à la surface cette nature sévère et tranquille. Ce vent qui déplace les puissances et qui remue les trônes, ne faisait pas tomber plus vite de l'arbre la pomme de pin qui tremble au bord de la branche. Les chariots attelés de bœufs passaient avec leur gravité antique à travers ces chaises de poste en fuite et ces diligences effarées.

Rien de plus étrange, pour le dire en passant, que ces attelages de bœufs. Le chariot est en bois, à quatre roues égales, ce qui indique qu'il ne tourne jamais sur lui-même et va toujours droit devant lui. Les bœufs sont entièrement couverts d'une toile blanche qui traîne à terre ; ils ont, entre les cornes, une sorte de perruque faite d'une peau de mouton, et sur le mufle un filet blanc à franges qui parodie à merveille une barbe. Quelques branches de chêne roulées autour de leur tête complètent l'accoutrement. Les bœufs, ainsi accommodés, ont un faux air de grands prêtres de tragédie ; ils ressemblent, à s'y méprendre, aux comparses du Théâtre-Français déguisés en flamines et en druides.

A Bazas, comme nous avions mis pied à terre, un de ces bœufs passa auprès de moi d'une allure si majestueuse et si pontificale que je fus tenté de lui dire :

Les prêtres ne sont pas ce qu'un vain peuple pense.

Je crois même le lui avoir dit. Je dois ajouter, pour être exact, qu'il ne m'a mugi aucune réplique.

Au delà de Roquefort, les landes sont égayées par des tuileries qu'on rencontre de temps à autre ; les unes abandonnées et fort anciennes, remontant jusqu'à Louis XIII, ce qu'atteste le maître claveau de leurs archivoltes ; les autres en plein travail et en plein rapport, et fumant de toutes parts comme un fagot de bois vert sur un grand feu.

Il y a trente ans, étant tout enfant, j'ai voyagé dans ce pays. Je me rappelle que les voitures marchaient au pas, les roues ayant du sable jusqu'au moyeu. Il n'y avait pas de voie tracée. De temps en temps on trouvait un bout de chemin formé de troncs de pins juxtaposés et noués ensemble comme le tablier des ponts rustiques. Aujourd'hui les sables sont traversés, de Bordeaux à Bayonne, par une large chaussée, bordée de peupliers, qui a presque la beauté d'un empierrement romain.

Dans un temps donné cette chaussée, effort d'industrie et de persévérance, descendra au niveau des sables, puis disparaîtra. Le sol tend à s'enfoncer sous elle et à l'engloutir, comme il a englouti la voie militaire faite par Brutus qui allait du cap Breton, *Caput Bruti*, à Boïos, aujourd'hui Buch, et l'autre voie, ouvrage de César, qui traversait Gamarde, Saint-Géours et Saint-Michel de Jouarare.

Je note en passant que ces deux mots, *Jovis ara, ara Jovis*, ont engendré bien des noms de ville, lesquels, bien qu'ayant la même origine, ne se ressemblent guère aujourd'hui, depuis Jouarre en Champagne et Jouarare dans les Landes jusqu'à Aranjuez en Espagne.

De Roquefort à Tartas, les pins font place à une foule d'autres arbres. Une végétation variée et puissante s'empare des plaines et des collines, et la route court à travers un jardin ravissant. On passe à chaque instant, sur de vieux ponts à arches ogives, de charmantes rivières. D'abord la Douze, puis le Midou, puis la Midouze, formée, comme le nom l'indique, de la Douze et du Midou, puis l'Adour. La syllabe *dour* ou *dou*, qui se retrouve dans tous ces noms, vient évidemment du mot celte *our*, qui signifie cours d'eau.

Toutes ces rivières sont profondément encaissées limpides, vertes, gaies. Les jeunes filles battent le linge au bord de l'eau, les chardonnerets chantent dans les buissons; une vie heureuse respire dans cette douce nature.

Cependant, par moments, entre deux branches d'arbre que le vent écarte joyeusement, on aperçoit au loin à l'horizon les bruyères et les piñadas voilées par les rougeurs du couchant, et l'on se souvient qu'on est dans les landes. On songe qu'au delà de ce riant jardin, semé de toutes ces jolies villes, Roquefort, Mont-de-Marsan, Tartas, coupé de toutes ces fraîches rivières, l'Adour, la Douze, le Midou, à quelques lieues de marche, est la forêt, puis au delà de la forêt la bruyère, la lande, le désert, sombre solitude où la cigale chante, où l'oiseau se tait, où toute habitation humaine disparaît, et que traversent silencieusement, à de longs intervalles, des caravanes de grands bœufs vêtus de linceuls blancs; on se dit qu'au delà de ces solitudes de sable sont les étangs, solitudes d'eau, Sanguinet, Parentis, Mimizan, Léon, Biscarosse, avec leur fauve population de loups, de putois, de sangliers et d'écureuils, avec leur végétation inextricable, surier, laurier franc, robinier, cyste à feuilles de sauge, houx énormes, aubépines gigantesques, ajoncs de vingt pieds de haut, avec leurs forêts vierges où

l'on ne peut s'aventurer sans une hache et une boussole; on se représente au milieu de ces bois immenses le grand *Cassou*, ce chêne mystérieux dont le branchage hideux versait sur toute la contrée les superstitions et les terreurs. On pense qu'au delà des étangs il y a les dunes, montagnes de sable qui marchent, qui chassent les étangs devant elles, qui engloutissent les piñadas, les villages et les clochers, et dont les ouragans changent la forme; et l'on se dit qu'au delà des dunes il y a l'océan. Les dunes dévorent les étangs, l'océan dévore les dunes.

Ainsi les landes, les étangs, les dunes, la mer, voilà les quatre zones que la pensée traverse. On se les figure l'une après l'autre, toutes plus farouches les unes que les autres. On voit les vautours voler au-dessus des landes, les grues au-dessus des lagunes, et les goëlands au-dessus de la mer. On regarde ramper sur les dunes les tortues et les serpents. Le spectre d'une nature morne vous apparaît. La rêverie emplit l'esprit. Des paysages *inconnus* et fantastiques tremblent et miroitent devant vos yeux. Des hommes appuyés sur un long bâton et montés sur des échasses passent dans les brumes de l'horizon sur la crête des collines comme de grandes araignées. On croit voir se dresser dans les ondulations des dunes les pyramides énigmatiques de Mimizan, et l'on prête l'oreille comme si l'on entendait le chant sauvage et doux des paysannes de Parentis, et l'on regarde au loin comme si l'on voyait marcher pieds nus dans les vagues les belles filles de Biscarosse coiffées d'immortelles de mer.

Car la pensée a ses mirages. Les voyages que la diligence Dotézac ne fait pas, l'imagination les fait.

Cependant on atteint Tartas, l'ancien chef-lieu des Tarusates, qui est une jolie ville sur la Midouze. C'était au moyen âge une des quatre sénéchaussées du duché d'Albret. Les trois autres étaient Nérac, Castel-Moron et Castel-Jaloux. En passant j'ai salué, à gauche de la route, un pan encore debout de la vénérable muraille qui résista, en 1440, au redoutable captal de Buch et donna à Charles VII le temps d'arriver. Les gens de Tartas font des auberges et des guinguettes avec ce mur qui leur a fait une patrie.

Comme nous sortions de Tartas, un lièvre énorme sortit d'un taillis voisin et traversa la chaussée, puis s'arrêta à une portée de pistolet dans une prairie et regarda hardiment la diligence. Cette bravoure des lièvres dans ce pays tient sans doute à ce qu'ils savent que ce sont eux qui ont donné leur nom à la maison d'Albret. La fierté les a pris, et ils se comportent, le cas échéant, en lièvres gentilshommes.

Cependant la nuit tombait. Le soir, qui a fourni à Virgile tant de beaux vers, tous pareils par l'idée, tous différents par la forme, versait l'ombre sur le passage et le sommeil sur les paupières des voyageurs. A mesure que les ténèbres s'épaississaient et estompaient les informes silhouettes de l'horizon, il me semblait — était-ce une illusion de la nuit? — que *le pays devenait plus sauvage* et plus rude, que les piñadas et les clairières reparaissaient, et que nous faisions en réalité, dans une obscurité profonde, ce voyage des Landes que j'avais fait en imagination quelques heures auparavant. Le ciel était étoilé, la terre n'offrait à l'œil qu'une espèce de plaine ténébreuse où vacillaient çà et là je ne sais quelles lueurs rougeâtres, comme si des feux de pâtres étaient allumés dans les bruyères; on entendait, sans rien voir ni distinguer, ce tintamarre fin et grêle des clochettes qui ressemble à un fourmillement harmonieux ; puis tout rentrait dans le silence et dans la nuit, la voiture semblait rouler aveuglément dans une solitude obscure, où seulement, de distance en distance, de larges flaques de clarté apparaissant au milieu des arbres noirs révélaient la présence des étangs.

Moi, je me sentais heureux, j'avais traversé plusieurs fois l'odeur des liserons qui me rappelle mon enfance, je songeais à tous ceux qui m'aiment, j'oubliais tous ceux qui me haïssent, et je regardais dans cette ombre, pour ainsi dire à regard perdu, laissant se mêler à ma rêverie les figures vagues de la nuit qui passaient confusément devant mes yeux.

Les deux bossus m'avaient quitté à Mont-de-Marsan, j'étais seul sur ma banquette, le froid venait; je m'enveloppai de mon manteau, et peu après je m'endormis.

Le sommeil que permet une voiture qui vous emporte au galop est un sommeil clair à travers lequel on sent et l'on entend. A un certain moment le conducteur descendit, la diligence s'arrêta. La voix du conducteur disait: *Messieurs les voyageurs, nous voici au pont de Dax.* Puis les portières s'ouvrirent et se refermèrent comme si les voyageurs mettaient pied à terre, puis la voiture s'ébranla et repartit. Quelques moments après, le sabot des chevaux résonna comme s'ils marchaient

sur du bois; la diligence, brusquement inclinée en avant, fit un soubresaut violent; j'ouvris un œil; le postillon, courbé sur ses chevaux, semblait regarder devant lui avec une précaution inquiète. J'ouvris les deux yeux.

La lourde voiture pesamment chargée, traînée par cinq chevaux attelés de chaînes, marchait au pas sur un pont de bois, dans une sorte de voie étroite bornée à gauche par le parapet qui était fort bas, à droite par un amas de poutres et de charpentes; au-dessous du pont, une rivière assez large coulait à une assez grande profondeur qu'augmentait encore l'incertitude de la nuit. A de certains moments, la diligence penchait; à de certains endroits, le parapet manquait. Je me dressai sur mon séant. J'étais sur l'impériale, le conducteur n'était pas remonté à sa place; la voiture marchait toujours. Le postillon, toujours courbé sur son attelage que la lanterne du coupé éclairait à peine, grommelait je ne sais quelles exclamations énergiques. Enfin les chevaux gravirent une petite pente, un nouveau soubresaut ébranla la voiture, puis elle s'arrêta. Nous étions sur le pavé.

Les voyageurs qui avaient passé le pont à pied avant la voiture rentrèrent dans les trois compartiments, et, tout en ouvrant et refermant les portières, j'entendais le conducteur qui disait:

— Diable de pont! toujours en réparation. — Quand donc sera-t-il solide? — La police est bien mal faite à Dax. Les charpentiers laissent leurs outils sur le passage de la voiture pour la verser. — J'ai vu le moment où la diligence était dans la rivière. — On ne peut se figurer le danger qu'il y a. — Vous verrez qu'un de ces jours il arrivera un malheur. — N'est-ce pas, messieurs les voyageurs, que j'ai bien fait de vous faire descendre?

Cela dit, il remonta, et m'apercevant il poussa un cri:

— *Tiens, monsieur! je vous avais oublié!*

III

BAYONNE. — LE CHARNIER

26 juillet.

Je n'ai pu entrer à Bayonne sans émotion. Bayonne est pour moi un souvenir d'enfance. Je suis venu à Bayonne étant tout petit, ayant sept ou huit ans, vers 1811 ou 1812, à l'époque des grandes guerres. Mon père faisait en Espagne son métier de soldat de l'empereur et tenait en respect deux provinces insurgées par l'Empecinado, Avila, Guadalaxara, et tout le cours du Tage.

Ma mère, allant le rejoindre, s'était arrêtée à Bayonne pour attendre un convoi ; car, alors, pour faire le voyage de Bayonne à Madrid, il fallait être accompagné de trois mille hommes et précédé de quatre pièces de canon. J'écrirai quelque jour ce voyage qui a son intérêt, ne fût-ce que pour préparer des mémoires à l'histoire. Ma mère avait emmené avec elle mes deux frères Abel et Eugène et moi, qui étais le plus jeune des trois.

Je me rappelle que, le lendemain de notre arrivée à Bayonne, une espèce de signor ventru, orné de breloques exagérées, et baragouinant l'italien, se présenta chez ma mère. Cet homme nous fit, à nous enfants qui le regardions entrer à travers une porte vitrée, l'effet d'un charlatan de place. C'était le directeur du théâtre de Bayonne.

Il venait prier ma mère de prendre une loge à son théâtre. Ma mère loua une loge pour un mois. C'était à peu près le temps que nous devions rester à Bayonne.

Cette loge louée nous fit sauter de joie. Nous enfants, aller au spectacle tous les soirs pendant tout un mois, nous qui n'étions encore entrés dans un théâtre qu'une fois par an, et qui n'avions dans l'esprit d'autre souvenir dramatique que la Comtesse d'Escarbagnas !

Le soir même, nous tourmentâmes ma mère, qui nous obéit, comme les mères font toujours, et nous mena au théâtre. Le contrôleur nous installa dans une magnifique loge de face ornée de draperies de calicot rouge à rosaces safran. On jouait les Ruines de Baby-lone, fameux mélodrame qui avait en ce temps-là un immense succès par toute la France.

C'était magnifique, à Bayonne du moins. Des chevaliers abricot et des arabes vêtus de drap de fer de la tête aux pieds surgissaient à chaque instant, puis s'engloutissaient, au milieu d'une prose terrible, dans des ruines de carton pleines de chausse-trapes et de pièges à loups. Il y avait le calife Haroun et l'eunuque Giafar. Nous étions dans l'admiration.

Le lendemain, le soir venu, nous tourmentâmes encore notre mère qui nous obéit encore. Nous voici au spectacle dans notre loge à rosaces. — Que va-t-on donner ? Nous étions dans l'anxiété. La toile se lève. Giafar paraît. On donnait les Ruines de Babylone. Cela ne nous fâcha point. Nous étions satisfaits de revoir ce bel ouvrage, qui nous amusa très fort encore cette fois.

Le surlendemain, ma mère fut excellente, comme toujours, et nous retournâmes au théâtre. On donnait les Ruines de Babylone. Nous vîmes la pièce avec plaisir, cependant nous aurions préféré quelque autre ruine. Le quatrième jour, à coup sûr, le spectacle devait être changé ; nous y allâmes, ma mère nous laissait faire et nous accompagnait en souriant. On donnait les Ruines de Babylone ! Cette fois nous dormîmes.

Le cinquième jour, nous envoyâmes dès le matin Bertrand, le valet de chambre de ma mère, voir l'affiche. On donnait les Ruines de Babylone. Nous priâmes ma mère de ne point nous y mener. Le sixième jour, on donnait encore les Ruines de Babylone. Cela dura tout le mois. Un beau jour, l'affiche changea. Ce jour-là, nous partions.

C'est ce souvenir-là qui m'a fait parler quelque part de ce « hasard taquin qui joue avec l'enfant ».

Du reste, aux Ruines de Babylone près, je me rappelle avec bonheur ce mois passé à Bayonne.

Il y avait au bord de l'eau, sous des arbres, une belle promenade où nous allions tous les soirs. Nous faisions, en passant, la moue au théâtre où nous ne mettions plus les pieds et qui nous inspirait une sorte d'ennui mêlé d'horreur. Nous nous asseyions là sur un banc, nous regardions les navires, et nous écoutions notre mère nous parler ; noble et sainte femme qui n'est plus aujourd'hui qu'une figure dans ma mémoire, mais qui rayonnera jusqu'à mon dernier jour dans mon âme et sur ma vie.

La maison que nous habitions était riante. Je me rappelle ma fenêtre où pendaient de belles grappes de maïs mûr. Pendant tout ce long mois, nous n'eûmes pas un moment d'ennui ; j'excepte toujours les *Ruines de Babylone*.

Un jour nous allâmes voir un vaisseau de ligne mouillé à l'embouchure de l'Adour. Une escadre anglaise lui avait donné la chasse ; après un combat de quelques heures il s'était réfugié là, et les anglais le tenaient bloqué. J'ai encore présent comme s'il était sous mes yeux cet admirable navire qu'on voyait à un quart de lieue de la côte, éclairé d'un beau rayon de soleil, toutes voiles carguées, fièrement appuyé sur la vague, et qui me paraissait avoir je ne sais quelle attitude menaçante, car il sortait de la mitraille et il allait peut-être y rentrer.

Notre maison était adossée aux remparts. C'est là, sur les talus de gazon vert, parmi les canons retournés la lumière sur l'herbe et les mortiers renversés la gueule contre terre, que nous allions jouer dès le matin.

Le soir, Abel, mon pauvre Eugène et moi, groupés autour de notre mère, barbouillant les godets d'une boîte à couleurs, nous enluminions à qui mieux mieux, de la manière la plus féroce, les gravures d'un vieil exemplaire des *Mille et une nuits*. Cet exemplaire m'avait été donné par le général Lahorie, mon parrain, qui mourut, quelques mois après l'époque dont je parle, à la plaine de Grenelle.

Eugène et moi, nous achetions aux petits garçons de la ville tous les chardonnerets et tous les verdiers qu'ils nous apportaient. Nous mettions ces pauvres oiseaux dans des cages d'osier. Quand une cage était remplie, nous en achetions une autre. Nous avions ainsi cinq cages pleines. Lorsqu'il fallut partir, nous donnâmes la volée à tous ces jolis oiseaux. Ce fut tout à la fois pour nous une joie et un crève-cœur.

C'était une personne de la ville, une veuve, je crois, qui louait cette maison à ma mère. Cette veuve habitait elle-même un pavillon voisin de notre logis. Elle avait une fille de quatorze ou quinze ans. Ma mémoire, après trente années, n'a perdu aucun des traits de cette angélique figure.

Je la vois encore. Elle était blonde et svelte, et me paraissait grande. C'était un regard doux et voilé, au profil virgilien, comme on rêve Amaryllis ou la Galatée qui s'enfuit sous les saules. Elle avait le cou admirablement attaché et d'une pureté adorable, la main petite, le bras blanc et le coude un peu rouge, ce qui tenait à son âge ; détail que le mien ignorait alors. Elle était habituellement coiffée d'un madras thé à bordure verte, étroitement serré du sommet de la tête à la nuque, de façon à laisser le front à découvert et à ne cacher que la moitié de la chevelure. Je ne me rappelle pas la robe qu'elle portait.

Cette belle enfant venait jouer avec nous. Quelquefois Abel et Eugène, mes aînés, plus grands et plus sérieux que moi, et « faisant les hommes », comme disait ma mère, allaient voir l'exercice à feu sur le rempart ou montaient dans leur chambre pour étudier Sobrino et feuilleter Cormon. Alors j'étais seul, je sentais l'ennui venir, que faire ? Elle m'appelait et me disait : *Viens, que je te lise quelque chose.*

Il y avait dans la cour une porte rehaussée de quelques marches et fermée d'un gros verrou rouillé que je vois encore, un verrou rond, à poignée en queue de porc, comme on en trouve parfois dans les vieilles caves. C'était sur ces marches qu'elle allait s'asseoir. Je me tenais debout derrière elle, le dos appuyé à la porte.

Elle me lisait je ne sais plus quel livre ouvert sur ses genoux. Nous avions au-dessus de nos têtes un ciel éclatant et un beau soleil qui pénétrait de lumière les tilleuls et changeait les feuilles vertes en feuilles d'or. Un vent tiède passait à travers les fentes de la vieille porte et nous caressait le visage. Elle était courbée sur son livre et lisait à voix haute.

Pendant qu'elle lisait, je n'écoutais pas le sens des paroles, j'écoutais le son de sa voix. Par moments mes yeux se baissaient, mon regard rencontrait son fichu entr'ouvert au-dessous de moi, et je voyais, avec un trouble mêlé d'une fascination étrange, sa gorge ronde et blanche qui s'élevait et s'abaissait doucement dans l'ombre, vaguement dorée d'un chaud reflet de soleil.

Il arrivait parfois, dans ces moments-là, qu'elle levait tout à coup ses grands yeux bleus, et elle me disait : *Eh bien, Victor ! tu n'écoutes pas ?*

J'étais tout interdit, je rougissais et je tremblais, et je faisais semblant de jouer avec le gros verrou. Je ne l'embrassais jamais de moi-même ; c'était elle qui m'appelait et me disait : *Embrasse-moi donc.*

Le jour où nous partîmes, j'eus deux grands chagrins : la quitter et lâcher mes oiseaux.

Qu'était-ce que cela, mon ami ? Qu'est-ce que j'éprouvais, moi, si petit, près de cette grande belle fille innocente ? Je l'ignorais alors. J'y ai souvent songé depuis.

Bayonne est resté dans ma mémoire comme un lieu vermeil et souriant. C'est là qu'est le plus ancien souvenir de mon cœur. Époque naïve, et pourtant déjà doucement agitée ! C'est là que j'ai vu poindre, dans le coin le plus obscur de mon âme, cette première lueur inexprimable, aube divine de l'âme.

Ne trouvez-vous pas, ami, qu'un pareil souvenir est un lien, et un lien que rien ne peut détruire ?

Chose étrange que deux êtres puissent être liés de cette chaîne pour toute la vie, et ne pas se manquer pourtant, et ne pas se chercher, et être étrangers l'un à l'autre, et ne pas même se connaître ! La chaîne qui m'attache à cette douce enfant ne s'est pas rompue, mais le fil s'est brisé.

A peine arrivé à Bayonne, j'ai fait le tour de la ville

par les remparts, cherchant la maison, cherchant la porte, cherchant le verrou ; je n'ai rien retrouvé, ou du moins rien reconnu.

Où est-elle ? que fait-elle ? est-elle morte ? Si elle vit, elle est mariée sans doute, elle a des enfants. Elle est veuve peut-être, et vieillit à son tour. Comment se peut-il que la beauté s'en aille et que la femme reste ? Est-ce que la femme d'à présent est bien le même être que la jeune fille d'autrefois ?

Peut-être viens-je de la rencontrer ? Peut-être est-elle la femme quelconque à laquelle j'ai demandé mon chemin tout à l'heure, et qui m'a regardé m'éloigner comme un étranger ?

Qu'il y a une amère tristesse dans tout ceci ! Nous ne sommes donc que des ombres. Nous passons les uns auprès des autres, et nous nous effaçons comme des fumées dans le ciel profond et bleu de l'éternité. Les hommes sont dans l'espace ce que les heures sont dans le temps. Quand ils ont sonné, ils s'évanouissent. Où va notre jeunesse ? où va notre enfance ? Hélas !

Où est la belle jeune fille de 1812 ? où est l'enfant que j'étais alors ? Nous nous touchions dans ce temps-là, et maintenant nous nous touchons encore peut-être, et il y a un abîme entre nous. La mémoire, ce pont du passé, est brisé entre elle et moi. Elle ne connaîtrait pas mon visage, et je ne reconnaîtrais pas le son de sa voix. Elle ne sait plus mon nom, et je ne sais pas le sien.

27 juillet.

J'ai peu de chose à vous dire de Bayonne. La ville est on ne peut plus gracieusement située, au milieu des collines vertes, sur le confluent de la Nive et de l'Adour, qui fait là une petite Gironde. Mais, de cette jolie ville et de ce beau lieu, il a fallu faire une citadelle.

Malheur aux paysages qu'on juge à propos de fortifier ! Je l'ai déjà dit une fois, et je ne puis m'empêcher de le redire : le triste ravin qu'un fossé en zigzag ! la laide colline qu'une escarpe avec sa contrescarpe ! C'est un chef-d'œuvre de Vauban ; soit ! Mais il est certain que les chefs-d'œuvre de Vauban gênent les chefs-d'œuvre du bon Dieu.

La cathédrale de Bayonne est une assez belle église du quatorzième siècle, couleur amadou et toute rongée par le vent de mer. Je n'ai vu nulle part les meneaux décrire dans l'intérieur des ogives des fenestrages plus riches et plus capricieux. C'est là toute la fermeté du quatorzième siècle, qui se mêle, sans le refroidir, à toute la fantaisie du quinzième. Il reste çà et là quelques belles verrières, presque toutes du seizième siècle. A droite de ce qui a été le grand portail, j'ai admiré une petite baie dont le dessin se compose de fleurs et de feuilles merveilleusement roulées en rosaces. Les portes sont d'un grand caractère. Ce sont de grandes

lunes noires semées de gros clous, rehaussées d'un marteau de fer doré. Il ne reste plus qu'un de ces marteaux, qui est d'un beau travail byzantin.

L'église est accostée au sud d'un vaste cloître du même temps, qu'on restaure en ce moment avec assez d'intelligence, et qui communiquait jadis avec le chœur par un magnifique portail, aujourd'hui muré et blanchi à la chaux, dont l'ornementation et les statues rappellent, par leur grand style, Amiens, Reims et Chartres.

Il y avait dans l'église et dans le cloître beaucoup de tombes, qu'on a arrachées. Quelques sarcophages mutilés adhèrent encore à la muraille. Ils sont vides. Je ne sais quelle poussière hideuse à voir y remplace la poussière humaine. L'araignée file sa toile dans ces sombres logis de la mort.

Je me suis arrêté dans une chapelle où il ne reste plus d'une de ces sépultures que la place, encore reconnaissable aux arrachements de la muraille. Cependant le mort avait pris ses précautions pour garder sa tombe. *Cette sépulture lui appartient*, comme le dit encore aujourd'hui une inscription sur marbre noir scellé dans la pierre. « Le 22 avril 1664 », s'il faut en croire la même inscription que je cite textuellement, « C. Reboul, notaire royal, et messieurs du chapitre » avaient donné à « Pierre de Baraduc, bourgeois et homme d'armes au château vieux de cette ville, titre et possession de cette sépulture, *pour en jouir lui et les siens*. »

A ce propos, ma visite à Saint-Michel de Bordeaux, dont je vous ai promis le récit, me revient à la pensée.

Je venais de sortir de l'église, qui est du treizième siècle et fort remarquable, par les portails surtout, et qui contient une exquise chapelle de la Vierge, sculptée, je devrais dire ouvrée, par les admirables figuristes du temps de Louis XII. Je regardais le campanile qui est à côté de l'église et que surmonte un télégraphe. C'était jadis une superbe flèche de trois cents pieds de haut ; c'est maintenant une tour de l'aspect le plus étrange et le plus original.

Pour qui ignore que la foudre a frappé cette flèche en 1768 et l'a fait crouler dans un incendie qui a dévoré en même temps la charpente de l'église, il y a tout un problème dans cette énorme tour, qui semble à la fois militaire et ecclésiastique, rude comme un donjon et ornée comme un clocher. Il n'y a plus d'abat-vent aux baies supérieures, plus de cloches, ni de timbres, ni de marteaux d'horloge. La tour, quoique couronnée encore d'un bloc à huit pans et à huit pignons, est fruste et tronquée à son sommet. On sent qu'elle est décapitée et morte. Le vent et le jour passent à travers ses longues ogives sans fenestrages et sans meneaux comme à travers de grands ossements. Ce n'est plus un clocher, c'est le squelette d'un clocher.

J'étais donc seul dans la cour, plantée de quelques arbres, où s'élève ce campanile isolé. Cette cour est l'ancien cimetière.

Je contemplais, quoiqu'un peu gêné par le soleil, cette morne et magnifique masure, et je cherchais à lire son histoire dans son architecture et ses malheurs dans ses plaies. Vous savez qu'un édifice m'intéresse presque comme un homme. C'est pour moi en quelque sorte une personne dont je tâche de savoir les aventures.

J'étais là fort rêveur, quand tout à coup j'entends dire à quelques pas de moi : Monsieur! monsieur! Je regarde, j'écoute. Personne. La cour était déserte. Quelques passereaux jasaient dans les vieux arbres du cimetière. Une voix pourtant m'avait appelé; voix faible, douce et cassée, qui résonnait encore à mon oreille.

Je fais quelques pas, et j'entends la voix de nouveau : — Monsieur! Cette fois je me retourne vivement et j'aperçois, à l'angle de la cour, près de la porte, une figure de vieille sortant d'une lucarne. Cette lucarne, affreusement délabrée, laissait entrevoir l'intérieur d'une chambre misérable.

Près de la vieille, il y avait un vieux.

Je n'ai de ma vie rien vu de plus décrépit que ce bouge, si ce n'est ce couple. L'intérieur de la masure était blanchi de ce blanc de chaux qui rappelle le linceul, et je n'y voyais d'autres meubles que les deux escabeaux où étaient assises, me regardant avec leurs petits yeux gris, ces deux figures tannées, ridées, éraillées, qui étaient comme enduites de bistre et de bitume, et paraissaient enveloppées, plutôt que vêtues, de vieux suaires raccommodés :

Je ne suis pas comme Salvator Rosa, qui disait :

Me figuro il sepolcro in ogno loco.

Pourtant, même en plein jour, à midi, sous ce chaud et vivant soleil, l'apparition me surprit un moment, et il me sembla que je m'entendais appeler du fond d'une crypte antédiluvienne par deux spectres âgés de quatre mille ans.

Après quelques secondes de réflexion, je leur donnai quinze sous. C'étaient tout simplement le portier et la portière du cimetière. Philémon et Baucis.

Philémon, ébloui de la pièce de quinze sous, fit une effroyable grimace d'étonnement et de joie, et mit cette monnaie dans une façon de vieille poche de cuir clouée au mur, *autre injure des ans*, comme disait La Fontaine; et Baucis me dit, avec un sourire aimable :
— Voulez-vous voir le charnier?

Ce mot, *le charnier*, réveilla dans mon esprit je ne sais quel vague souvenir d'une chose qu'en effet je croyais savoir, et je répondis : — Avec plaisir, madame.
— Je le pensais bien, reprit la vieille. Et elle ajouta :
— Tenez, voici le sonneur qui vous le montrera; c'est fort beau à voir. — En parlant ainsi, elle posait amicalement sur ma main sa main rousse, diaphane,

palpitante, velue et froide comme l'aile d'une chauve-souris.

Le nouveau personnage qui venait d'apparaître et qui avait senti sans doute l'odeur de la pièce de quinze sous, le sonneur, se tenait debout à quelques pas sur l'escalier extérieur de la tour, dont il avait entr'ouvert la porte.

C'était un gaillard d'environ trente-six ans, trapu, robuste, gras, rose et frais, ayant tout l'air d'un bon vivant, comme il sied à celui qui vit aux dépens des morts. Mes deux spectres se complétaient d'un vampire.

La vieille me présenta au sonneur avec une certaine pompe. — Voilà un monsieur anglais qui désire voir le charnier.

Le vampire, sans dire un mot, remonta les quelques pas qu'il avait descendus, poussa la porte de la tour et me fit signe de le suivre. J'entrai. Toujours silencieux, il referma la porte derrière moi.

Nous nous trouvâmes dans une obscurité profonde. Cependant il y avait une veilleuse dans le coin d'une marche derrière un gros pavé. A la lueur de cette veilleuse, je vis le sonneur se courber et atteindre une lampe. La lampe allumée, il se mit à descendre les degrés d'une étroite vis de Saint-Gilles; je fis comme lui.

Au bout d'une dizaine de marches, je crois que je me baissai pour franchir une porte basse et que je montai, toujours conduit par le sonneur, deux ou trois degrés; je n'ai plus ces détails présents à l'esprit; j'étais plongé dans une sorte de rêverie qui me faisait marcher comme dans le sommeil. A un certain moment le sonneur me tendit sa grosse main osseuse, je sentis que nos pas résonnaient sur un plancher; nous étions dans un lieu très sombre, une sorte de caveau obscur.

Je n'oublierai jamais ce que je vis alors.

Le sonneur, muet et immobile, se tenait debout au milieu du caveau, appuyé à un poteau enfoncé dans le plancher, et de la main gauche, il élevait la lampe au-dessus de sa tête. Je regardai autour de nous. Une lueur brumeuse et diffuse éclairait vaguement le caveau, j'en distinguais la voûte ogive.

Tout à coup, en fixant mes yeux sur la muraille, je vis que nous n'étions pas seuls.

Des figures étranges, debout et adossées au mur, nous entouraient de toutes parts. A la clarté de la lampe, je les entrevoyais confusément à travers ce brouillard qui remplit les lieux bas et ténébreux.

Imaginez un cercle de visages effrayants, au centre duquel j'étais. Les corps noirâtres et nus s'enfonçaient et se perdaient dans la nuit; mais je voyais distinctement saillir hors de l'ombre et se pencher en quelque sorte vers moi, pressées les unes contre les autres, une foule de têtes sinistres ou terribles qui semblaient m'appeler avec des bouches toutes grandes ouvertes, mais sans voix, et qui me regardaient avec des orbites sans yeux.

Qu'était-ce que ces figures? Des statues, sans doute.

LE CHARNIER.

DESSIN DE DECAMPS.

Je pris la lampe des mains du sonneur, et je m'approchai. C'étaient des cadavres.

En 1793, pendant qu'on violait le cimetière des rois à Saint-Denis, on viola le cimetière du peuple à Bordeaux. La royauté et le peuple sont deux souverainetés; la populace les insulta en même temps. Ce qui prouve, soit dit en passant aux gens qui ne savent pas cette grammaire, que *peuple* et *populace* ne sont point synonymes.

Le cimetière de Saint-Michel à Bordeaux fut dévasté comme les autres. On arracha les cercueils du sol, on jeta au vent toute cette poussière. Quand la pioche arriva près des fondations de la tour, on fut surpris de ne plus rencontrer ni bières pourries ni vertèbres rompues, mais des corps entiers, desséchés et conservés par l'argile qui les recouvrait depuis tant d'années. Cela inspira la création d'un musée-charnier. L'idée convenait à l'époque.

Les petits enfants de la rue Montfaucon et du chemin des Bègles jouaient aux osselets avec les débris épars du cimetière. On les leur reprit des mains; on recueillit tout ce que l'on put retrouver, et l'on installa ces ossements dans le caveau inférieur du campanile Saint-Michel. Cela fit un monceau de dix-sept pieds de profondeur sur lequel on ajusta un plancher avec balustrade.

On couronna le tout avec les cadavres si étrangement intacts qu'on venait de déterrer. Il y en avait soixante-dix. On les plaça debout contre le mur dans l'espace circulaire réservé entre la balustrade et la muraille. C'est ce plancher qui résonnait sous mes pieds; c'est sur ces ossements que je marchais; ce sont ces cadavres qui me regardaient.

Quand le sonneur eut produit son effet, car cet artiste met la chose en scène comme un mélodrame, il s'approcha de moi, et daigna me parler. Il m'expliqua ses morts. Le vampire se fit cicerone. Je croyais entendre jaser un livre de musée. Par moments c'était la faconde d'un montreur d'ours.

— Regardez celui-ci, monsieur, c'est le numéro un. Il a toutes ses dents. — Voyez comme le numéro deux est bien conservé; il a pourtant près de quatre cents ans. — Quant au numéro trois, on dirait qu'il respire et qu'il nous entend. Ce n'est pas étonnant, il n'y a guère que soixante ans qu'il est mort. C'est un des plus jeunes d'ici. Je sais des personnes de la ville qui l'ont connu.

Il continua ainsi sa tournée, passant avec grâce d'un spectre à l'autre et débitant sa leçon avec une mémoire imperturbable. Quand je l'interrompais par une question au milieu d'une phrase, il me répondait de sa voix naturelle, puis reprenait sa phrase à l'endroit même où je l'avais coupée. Par instants il frappait sur les cadavres avec une baguette qu'il tenait à la main, et cela sonnait le cuir comme une valise vide. Qu'est-ce en effet que le corps de l'homme quand la pensée n'y est plus, sinon une valise vide?

Je ne sache pas plus effroyable revue. Dante et Orcagna n'ont rien rêvé de plus lugubre. Les danses macabres du pont de Lucerne et du Campo-Santo à Pise ne sont que l'ombre de cette réalité.

Il y avait une négresse suspendue à un clou par une corde passée sous les aisselles qui me riait d'un rire hideux. Dans un coin se groupait toute une famille qui mourut, dit-on, empoisonnée par des champignons; ils étaient quatre, la mère, la tête baissée, semblait encore chercher à calmer son plus jeune enfant qui agonisait entre ses genoux; le fils aîné, dont le profil avait gardé quelque chose de juvénile, appuyait son front à l'épaule de son père. Une femme morte d'un cancer au sein repliait étrangement le bras comme pour montrer sa plaie élargie par l'horrible travail de la mort. A côté d'elle se dressait un portefaix gigantesque, lequel paria un jour qu'il porterait de la porte Caillau aux Chartrons deux mille livres. Il les porta, gagna son pari, et mourut. L'homme tué par un pari était coudoyé par un homme tué en duel. Le trou de l'épée par où la mort est entrée était encore visible à droite sur cette poitrine décharnée.

A quelques pas se tordait un pauvre enfant de quinze ans qui fut, dit-on, enterré vivant. C'est là le comble de l'épouvante. Ce spectre souffre. Il lutte encore après six cents ans contre le cercueil disparu. Il soulève le couvercle du crâne et du genou; il presse la planche de chêne du talon et du coude; il brise aux parois ses ongles désespérés; la poitrine se dilate; les muscles du cou se gonflent d'une manière affreuse; il crie. On n'entend plus ce cri, mais on le voit. C'est horrible.

Le dernier des soixante-dix est le plus ancien. Il date de huit cents ans. Le sonneur me fit remarquer avec quelque coquetterie ses dents et ses cheveux. A côté est un petit enfant.

Comme je revenais sur mes pas, je remarquai un de ces fantômes assis à terre près de la porte. Il avait le cou tendu, la tête levée, la bouche lamentable, la main ouverte, un pagne au milieu du corps, une jambe et un pied nus, et de son autre cuisse sortait un tibia déandé posé sur une pierre comme une jambe de bois. Il semblait me demander l'aumône. Rien de plus étrange et de plus mystérieux qu'un pareil mendiant à une pareille porte.

Que lui donner? Quelle aumône lui faire? Quel est le sou qu'il faut aux morts? Je restai longtemps immobile devant cette apparition, et ma rêverie devint peu à peu une prière.

Quand on se dit que toutes ces larves, aujourd'hui enchaînées dans ce silence glacé et dans ces attitudes navrantes, ont vécu, ont palpité, ont souffert, ont aimé; quand on se dit qu'elles ont eu le spectacle de la nature, les arbres, la campagne, les fleurs, le soleil, la voûte bleue du ciel au lieu de cette voûte livide; quand on se dit qu'elles ont eu la jeunesse, la vie, la beauté, la joie, le plaisir, et qu'elles ont poussé comme nous dans les fêtes de ces longs éclats de rire pleins d'imprudence et d'oubli ; quand on se dit qu'elles ont été ce que nous sommes et que nous serons ce qu'elles sont ; quand on se trouve ainsi, hélas ! face à face avec son avenir, une morne pensée vous vient au cœur, on cherche en vain à se retenir aux choses humaines qu'on possède et qui toutes successivement s'écroulent dans vos mains comme du sable, et l'on se sent tomber dans un abîme.

Pour qui regarde ces débris humains avec l'œil de la chair, rien n'est plus hideux. Des linceuls en haillons les cachent à peine, les côtes apparaissent à nu à travers les diaphragmes déchirés ; les dents sont jaunes, les ongles noirs, les cheveux rares et crépus ; la peau est une basane fauve qui sécrète une poussière grisâtre ; les muscles qui ont perdu leur saillie, les viscères et les intestins se résolvent en une sorte de filasse roussâtre d'où pendent d'horribles fils que dévide silencieusement dans ces ténèbres l'invisible quenouille de la mort. Au fond du ventre ouvert on aperçoit la colonne vertébrale.

— Monsieur, me disait l'homme, comme ils sont bien conservés !

Pour qui regarde cela avec l'œil de l'esprit, rien n'est plus formidable.

Le sonneur, voyant se prolonger ma rêverie, était sorti à pas de loup et m'avait laissé seul. La lampe était restée posée à terre. Quand cet homme ne fut plus là, il me sembla que quelque chose qui me gênait avait disparu. Je me sentis, pour ainsi dire, en communication directe et intime avec les mornes habitants de ce caveau.

Je regardais avec une sorte de vertige cette ronde qui m'environnait, immobile et convulsive à la fois. Les uns laissent pendre leurs bras, les autres les tordent ; quelques-uns joignent les mains. Il est certain qu'une expression de terreur et d'angoisse est sur toutes ces faces qui ont vu l'intérieur du sépulcre. De quelque façon que le tombeau les traite, le corps des morts est terrible.

Pour moi, comme vous avez déjà pu l'entrevoir, ce n'étaient pas des momies ; c'étaient des fantômes. Je voyais toutes ces têtes tournées les unes vers les autres, toutes ces oreilles qui paraissaient écouter penchées vers toutes ces bouches qui paraissaient chuchoter, et il me semblait que ces morts arrachés à la terre et condamnés à la durée vivaient dans cette nuit d'une vie affreuse et éternelle, qu'ils se parlaient dans la brume épaisse de leur cachot, qu'ils se racontaient les sombres aventures de l'âme dans la tombe, et qu'ils se disaient tout bas des choses inexprimables.

Quels effrayants dialogues ! que pouvaient-ils se dire ? O gouffres où se perd la pensée ! Ils savent ce qu'il y a derrière la vie. Ils connaissent le secret du voyage. Ils ont doublé le promontoire. Le grand nuage s'est déchiré pour eux. Nous sommes encore, nous, dans le pays des conjectures, des espérances, des ambitions, des passions, de toutes les folies que nous appelons sagesses, de toutes les chimères que nous nommons vérités. Eux, ils sont entrés dans la région de l'infini, de l'immuable, de la réalité. Ils connaissent les choses qui sont et les

seules choses qui soient. Toutes les questions qui nous occupent nuit et jour, nous rêveurs, nous philosophes, tous les sujets de nos méditations sans fin, but de la vie, objet de la création, persistance du moi, état ultérieur de l'âme, ils en savent le fond ; toutes nos énigmes, ils en savent le mot. Ils connaissent la fin de tous nos commencements. Pourquoi ont-ils cet air terrible ? Qui leur fait cette figure désespérée et redoutable ?

Si nos oreilles n'étaient pas trop grossières pour entendre leur parole, si Dieu n'avait pas mis entre eux et nous ce mur infranchissable de la chair et de la vie, que nous diraient-ils ? Quelles révélations nous feraient-ils ? Quels conseils nous donneraient-ils ? Sortirions-nous de leurs mains sages ou fous ? Que rapportent-ils du tombeau ?

Ce serait de l'épouvante, s'il fallait en croire l'apparence de ces spectres. Mais ce n'est qu'une apparence, et il serait insensé d'y croire. Quoi que nous fassions, nous rêveurs, nous n'entamons la surface des choses qu'à une certaine profondeur. La sphère de l'infini ne se laisse pas plus traverser par la pensée que le globe terrestre par la sonde.

Les diverses philosophies ne sont que des puits artésiens ; elles font toutes jaillir du même sol la même eau, la même vérité mêlée de boue humaine et échauffée de la chaleur de Dieu. Mais aucun puits, aucune philosophie n'atteint le centre des choses. Le génie lui-même, qui est de toutes les sondes la plus puissante, ne saurait toucher le noyau de flamme, l'être, le point géométrique et mystique, milieu ineffable de la vérité. Nous ne ferons jamais rien sortir du rocher que tantôt une goutte d'eau, tantôt une étincelle de feu.

Méditons cependant. Frappons le rocher, creusons le sol. C'est accomplir une loi. Il faut que les uns méditent comme il faut que les autres labourent.

Et puis résignons-nous. Le secret que veut arracher la philosophie est gardé par la nature. Or, qui pourra jamais te vaincre, ô nature !

Nous ne voyons qu'un côté des choses ; Dieu voit l'autre.

La dépouille humaine nous effraie quand nous la contemplons ; mais ce n'est qu'une dépouille, quelque chose de vide et de vain et d'inhabité. Il nous semble que cette ruine nous révèle des choses horribles. Non. Elle nous effraie, et rien de plus. Voyons-nous l'intelligence ? Voyons-nous l'âme ? Voyons-nous l'esprit ? Savons-nous ce que dirait l'esprit des morts, s'il nous était donné de l'entrevoir dans son glorieux rayonnement ? N'en croyons donc pas le corps qui se désorganise avec horreur, et qui répugne à sa destruction ; n'en croyons pas le cadavre, ni le squelette, ni la momie, et songeons que, s'il y a une nuit dans le sépulcre, il y a aussi une lumière. Cette lumière, l'âme y est allée pendant que le corps restait dans la nuit ; cette lumière, l'âme la contemple. Qu'importe que le corps grimace, si l'âme sourit ?

J'étais plongé dans ce chaos de pensées. Ces morts

qui s'entretenaient entre eux ne m'inspiraient plus d'effroi ; je me sentais presque à l'aise parmi eux. Tout à coup, je ne sais comment il me revint à l'esprit qu'en ce moment-là même, au haut de cette tour de Saint-Michel, à deux cents pieds, sur ma tête, au-dessus de ces spectres qui échangent dans la nuit je ne sais quelles communications mystérieuses, un télégraphe, pauvre machine de bois menée par une ficelle, s'agitait dans la nuée, et jetait l'une après l'autre à travers l'espace, dans la langue mystérieuse qu'il a lui aussi, toutes ces choses imperceptibles qui demain seront le journal.

Jamais je n'ai mieux senti que dans ce moment-là la vanité de tout ce qui nous passionne. Quel poëme que cette tour Saint-Michel ! quel contraste et quel enseignement ! Sur son faîte, dans la lumière et dans le soleil, au milieu de l'azur du ciel, aux yeux de la foule affairée qui fourmille dans les rues, un télégraphe, qui gesticule et se démène comme Pasquin sur son tréteau, dit et détaille minutieusement toutes les pauvretés de l'histoire du jour et de la politique du quart d'heure, Espartero qui tombe, Narvaez qui surgit, Lopez qui chasse Mendizabal, les grands événements microscopiques, les infusoires qui se font dictateurs, les volvoces qui se font tribuns, les vibrions qui se font tyrans, toutes les petitesses dont se composent l'homme qui passe et l'instant qui fuit, — et, pendant ce temps-là, à sa base, au milieu du massif sur lequel la tour s'appuie, dans une crypte où n'arrive ni un rayon, ni un bruit, un conseil de spectres, assis en cercle dans les ténèbres, parle tout bas de la tombe et de l'éternité.

Bayonne. — Le Château vieux.

26 juillet, 2 heures après midi, ciel gris.

IV

BIARRITZ

Vous connaissez, mon ami, les trois points de la côte normande qui m'agréent le mieux, le Bourg-d'eau, le Tréport et Étretat : Étretat avec ses arches immenses taillées par la vague dans la falaise, le Tréport avec sa vieille église, sa vieille croix de pierre et son vieux port où fourmillent les bateaux pêcheurs, le Bourg-d'eau avec sa grande rue gothique qui aboutit brusquement à la haute mer. Eh bien, rangez désormais Biarritz avec le Tréport, Étretat et le Bourg-d'eau parmi les lieux que je choisirais pour le *plaisir de mes yeux*, comme parle Fénelon.

Je ne sache pas d'endroit plus charmant et plus magnifique que Biarritz. Il n'y a pas d'arbres, disent les gens qui critiquent tout, même le bon Dieu dans ce qu'il fait de plus beau. Mais il faut savoir choisir : ou l'océan, ou la forêt. Le vent de mer rase les arbres.

Biarritz est un village blanc à toits roux et à contrevents verts posé sur des croupes de gazon et de bruyères. On sort du village, on descend la dune, le sable s'écroule sous vos talons, et tout à coup on se trouve sur une grève douce et unie au milieu d'un labyrinthe inextricable de rochers, de chambres, d'arcades, de grottes et de cavernes, étrange architecture jetée pêle-mêle au milieu des flots, que le ciel remplit d'azur, de soleil, de lumière et d'ombre, la mer d'écume, le vent de bruit.

Je n'ai vu nulle part le vieux Neptune ruiner la vieille Cybèle avec plus de puissance, de gaieté et de grandeur. Toute cette côte est pleine de rumeurs. La mer de Gascogne la ronge et la déchire, et prolonge dans les récifs ses immenses murmures. Pourtant je n'ai jamais erré sur cette grève déserte, à quelque heure qu'on fût, sans qu'une grande paix me montât au cœur. Les tumultes de la nature ne troublent pas la solitude.

Vous ne sauriez vous figurer tout ce qui vit, palpite et végète dans le désordre apparent d'un rivage écroulé. Une croûte de coquillages vivants recouvre les rochers. Les zoophytes et les mollusques nagent et flottent, transparents eux-mêmes dans la transparence de la vague. L'eau filtre goutte à goutte et pleure en longues perles de la voûte des grottes. Les crabes et les limaces rampent parmi les varechs et les goëmons, lesquels dessinent sur le sable mouillé la forme des lames qui les ont apportés. Au-dessus des cavernes croît toute une botanique curieuse et presque inédite, l'astragale de Bayonne, l'œillet gaulois, le lin de mer, le rosier à feuilles de pimprenelle, le muflier à feuilles de thym.

Il y a des anses étroites où de pauvres pêcheurs, accroupis autour d'une vieille chaloupe, dépècent et vident, au bruit assourdissant de la marée qui monte ou descend dans les écueils, le poisson qu'ils ont pêché la nuit. Les jeunes filles, pieds nus, vont laver dans la vague les peaux des chiens de mer, et, chaque fois que la mer blanche d'écume monte brusquement jusqu'à elles, comme un lion qui s'irrite et se retourne, elles relèvent leur jupe et reculent avec de grands éclats de rire.

On se baigne à Biarritz comme à Dieppe, comme au Havre, comme au Tréport, mais avec je ne sais quelle liberté que ce beau ciel inspire et que ce doux climat tolère. Des femmes, coiffées du dernier chapeau venu de Paris, enveloppées d'un grand châle de la tête aux pieds, un voile de dentelle sur le visage, entrent en baissant les yeux dans une de ces baraques de toile dont la grève est semée ; un moment après, elles en sortent, jambes nues, vêtues d'une simple chemise de laine brune qui souvent descend à peine au-dessous du genou, et elles courent en riant se jeter à la mer. Cette liberté, mêlée de la joie de l'homme et de la grandeur du ciel, a sa grâce.

Les filles du village et les jolies grisettes de Bayonne se baignent avec des chemises de serge, souvent fort trouées, sans trop se soucier de ce que les trous montrent et de ce que les chemises cachent.

Le second jour que j'allai à Biarritz, comme je me promenais à la marée basse au milieu des grottes, cherchant des coquillages et effarouchant les crabes qui fuyaient obliquement et s'enfonçaient dans le sable, j'entendis une voix, qui sortait de derrière une roche et qui chantait le couplet que voici en patoisant quelque peu, mais pas assez pour m'empêcher de distinguer les paroles :

> Gastibelza, l'homme á la carabine,
>   Chantait ainsi :
> Quelqu'un a-t-il connu doña Sabine,
>   Quelqu'un d'ici ?
> Dansez, chantez, villageois, la nuit gagne
>   Le mont Falou.
> Le vent qui vient à travers la montagne
>   Me rendra fou.

C'était une voix de femme. Je tournai le rocher. La chanteuse était une baigneuse. Une belle jeune fille qui nageait vêtue d'une chemise blanche et d'un jupon court dans une petite crique fermée par deux écueils à l'entrée d'une grotte. Ses habits de paysanne gisaient sur le sable au fond de la grotte. En m'apercevant, elle sortit à moitié de l'eau et se mit à chanter sa seconde stance, et, voyant que je l'écoutais immobile et debout sur le rocher, elle me dit en souriant dans un jargon mêlé de français et d'espagnol :

— Señor estrangero, conoce usted cette chanson ?

— Je crois que oui, lui dis-je. Un peu.

Puis je m'éloignai, mais elle ne me renvoyait pas.

Est-ce que vous ne trouvez pas dans ceci je ne sais quel air d'Ulysse écoutant la sirène ? La nature nous rejette et nous redonne sans cesse, en les rajeunissant, les thèmes et les motifs innombrables sur lesquels l'imagination des hommes a construit toutes les vieilles poésies et toutes les vieilles mythologies.

Somme toute, avec sa population cordiale, ses jolies maisons blanches, ses larges dunes, son sable fin, ses grottes énormes, sa mer superbe, Biarritz est un lieu admirable.

Je n'ai qu'une peur, c'est qu'il ne devienne à la mode. Déjà on y vient de Madrid, bientôt on y viendra de Paris.

Alors Biarritz, ce village si agreste, si rustique et si honnête encore, sera pris du mauvais appétit de l'argent ; sacra fames. Biarritz mettra des peupliers sur ses mornes, des rampes à ses dunes, des escaliers à ses précipices, des kiosques à ses rochers, des bancs à ses grottes, des pantalons à ses baigneuses. Biarritz deviendra pudique et rapace. La pruderie, qui n'a dans tout le corps de chaste que les oreilles, comme dit Molière, remplacera la libre et innocente familiarité de ces jeunes femmes qui jouent avec la mer. On lira la gazette à Biarritz ; on jouera le mélodrame et la tragédie à Biarritz. O Zaïre, que me veux-tu ? Le soir on ira au concert, car il y aura concert tous les soirs, et un chanteur en i, un rossignol pansu d'une cinquantaine d'années, chantera des cavatines de soprano à quelques pas de ce vieil océan qui chante la musique éternelle des marées, des ouragans et des tempêtes.

Alors Biarritz ne sera plus Biarritz. Ce sera quelque chose de décoloré et de bâtard comme Dieppe et Ostende.

Rien n'est plus grand qu'un hameau de pêcheurs, plein des mœurs antiques et naïves, assis au bord de l'océan ; rien n'est plus grand qu'une ville qui semble avoir la fonction auguste de penser pour le genre humain tout entier et de proposer au monde les nouveautés, souvent difficiles et redoutables, que la civilisation réclame. Rien n'est plus petit, plus mesquin et plus ridicule qu'un faux Paris.

Les villes que baigne la mer devraient conserver précieusement la physionomie que leur situation leur donne. L'océan a toutes les grâces, toutes les beautés, toutes les grandeurs. Quand on a l'océan, à quoi bon copier Paris ?

Déjà quelques symptômes semblent annoncer cette prochaine transformation de Biarritz. Il y a dix ans, on y venait de Bayonne en cacolet ; il y a deux ans, on y venait en coucou ; maintenant, on y vient en omnibus. Il y a cent ans, il y a vingt ans, on se baignait au port vieux, petite baie que dominent deux anciennes tours démantelées. Aujourd'hui, on se baigne au port nouveau. Il y a dix ans, il y avait à peine une auberge à Biarritz ; aujourd'hui, il y a trois ou quatre « hôtels ».

Ce n'est pas que je blâme les omnibus, ni le port nouveau où la lame brise plus largement que dans le port vieux et où le bain est par conséquent plus efficace, ni les « hôtels » qui n'ont d'autre tort que de n'avoir pas de fenêtres sur la mer ; mais je crains les autres perfectionnements possibles et je voudrais que Biarritz restât Biarritz. Jusqu'ici tout est bien, mais demeurons-en là.

Du reste l'omnibus de Bayonne à Biarritz ne s'établit pas sans résistance. Le coucou se débat contre l'omnibus, comme sans doute, il y a dix ans, le cacolet a lutté contre le coucou. Tous les voituriers de la ville se révoltent contre deux selliers, Castex et Anatole, qui ont imaginé les omnibus. Il y a ligue, concurrence, coalition. C'est une iliade de cochers de fiacre qui expose la bourse du voyageur à des soubresauts bizarres.

Le lendemain de mon arrivée à Bayonne, je voulus aller à Biarritz. Ne sachant pas le chemin, je m'adressai à un passant, paysan navarrais qui avait un beau costume, un large pantalon de velours olive, une ceinture rouge, une chemise à grand col rabattu rattachée d'un anneau d'argent, une veste de gros drap chocolat toute brodée de soie brune, et un petit chapeau à la Henri II bordé de velours et rehaussé d'une plume d'autruche noire et frisée. Je demandai à ce magnifique passant le chemin de Biarritz.

— Prenez la rue du Pont-Magour, me dit-il, et suivez-la jusqu'à la porte d'Espagne.

— Est-il aisé, ajoutai-je, de trouver des voitures pour aller à Biarritz ?

Le navarrais me regarda, souriant d'un sourire grave, et me dit, avec l'accent de son pays, cette parole mémorable dont je ne compris que plus tard la profondeur :

— Monsieur, il est facile d'y aller, mais difficile d'en revenir.

Je pris la rue du Pont-Magour.

Tout en la montant, je rencontrai plusieurs affiche s de couleurs variées par lesquelles des voituriers offraient des voitures au public pour Biarritz à divers prix honnêtes ; je remarquai, mais fort négligemment, que toutes ces affiches se terminaient par l'invariable protocole que voici : *Les prix resteront ainsi fixés jusqu'à huit heures du soir.*

J'arrivai à la porte d'Espagne. Là se groupaient et s'entassaient pêle-mêle une foule de voitures de toutes sortes, chars à bancs, cabriolets, coucous, gondoles, calèches, coupés, omnibus. J'avais à peine jeté un coup d'œil sur cette cohue d'attelages qu'une autre cohue m'entourait déjà. C'étaient les cochers. En un moment je fus assourdi. Toutes les voix, tous les accents, tous les patois, tous les jurons et toutes les offres à la fois. L'un me prit le bras droit :

— Monsieur, je suis le cocher de M. Castex ; montez dans le coupé ; une place pour quinze sous. L'autre me prit le bras gauche : — Monsieur, je suis Ruspit ; j'ai aussi un coupé ; une place pour douze sous. Un troisième me barra le chemin : — Monsieur, c'est moi Anatole. Voilà ma calèche ; je vous mène pour dix sous.

Un quatrième me parlait dans les oreilles :

— Monsieur, venez avec Momus ; je suis Momus ; ventre à terre à Biarritz pour six sous !

— Cinq sous ! s'écrièrent d'autres autour de moi.

— Voyez, monsieur, la jolie voiture : *le Sultan de Biarritz* ! une place pour cinq sous !

Le premier qui m'avait parlé et qui me tenait le bras droit domina enfin tout ce vacarme :

— Monsieur, c'est moi qui vous ai parlé le premier. Je vous demande la préférence.

— Il vous demande quinze sous ! crièrent les autres cochers.

— Monsieur, reprit l'homme froidement, je vous demande trois sous.

Il se fit un grand silence.

— J'ai parlé à monsieur le premier, ajouta l'homme.

Puis, profitant de la stupeur des autres combattants, il ouvrit vivement la portière de son coupé, m'y poussa avant que j'eusse le temps de me reconnaître, referma le coupé, monta sur son siège, et partit au galop. Son omnibus était plein. Il semblait qu'il n'attendît plus que moi.

La voiture était toute neuve et fort bonne ; les chevaux excellents. En moins d'une demi-heure, nous étions à Biarritz.

Arrivé là, ne voulant pas abuser de ma position, je tirai quinze sous de ma bourse et je les donnai au cocher. J'allais m'éloigner, il me retint par le bras.

— Monsieur, me dit-il, ce n'est que trois sous.

— Bah ! repris-je, vous m'avez dit quinze sous d'abord. Ce sera quinze sous.

— Non pas, monsieur, j'ai dit que je vous mènerais pour trois sous. C'est trois sous.

Il me rendit le surplus et me força presque de le recevoir.

— Pardieu, disais-je en m'en allant, voilà un honnête homme.

Les autres voyageurs n'avaient, comme moi, donné que trois sous.

Après m'être promené tout le jour sur la plage, le soir venu, je songeai à regagner Bayonne. J'étais las, et je ne pensais pas sans quelque plaisir à l'excellente voiture et au vertueux cocher qui m'avait amené. Huit heures sonnaient aux lointaines horloges de la plaine comme je remontais l'escarpement du port-vieux. Je ne pris pas garde à une foule de promeneurs qui arrivaient de tous les points et semblaient se hâter vers l'entrée du village où s'arrêtaient les voituriers.

La soirée était superbe, quelques étoiles commençaient à piquer le ciel clair du crépuscule ; la mer, à peine émue, avait le miroitement opaque et lourd d'une immense nappe d'huile.

Un phare à feu tournant venait de s'allumer à ma droite ; il brillait, puis s'éteignait, puis se ravivait tout à coup et jetait brusquement une éclatante lumière, comme s'il cherchait à lutter avec l'éternel Sirius qui resplendissait dans la brume à l'autre bout de l'horizon. Je m'arrêtai et je considérai quelque temps ce mélancolique spectacle, qui était pour moi comme la figure de l'effort humain en présence du pouvoir divin.

Cependant la nuit s'épaississait, et, à un certain moment, l'idée de Bayonne et de mon auberge traversa subitement ma contemplation. Je me remis en marche et j'atteignis la place des voitures. Il n'y en avait plus qu'une seule ; un falot posé à terre me la montrait. C'était une calèche à quatre places ; trois places étaient déjà occupées. Comme j'approchais :

— Hé, monsieur, venez donc, me cria une voix, c'est la dernière place, et nous sommes la dernière voiture.

Je reconnus la voix de mon cocher du matin, je retrouvais cet homme antique. Le hasard me parut providentiel. Je louai Dieu. Un moment plus tard, j'étais forcé de faire la route à pied, une bonne lieue de pays.

— Pardieu, lui dis-je, vous êtes un brave cocher et je suis aise de vous revoir.

— Montez vite, monsieur, reprit l'homme.

Je m'installai en hâte dans la calèche.

Quand je fus assis, le cocher, la main sur la clef de la portière, me dit :

— Monsieur sait que l'heure est passée ?

— Quelle heure ? dis-je.

— Huit heures.

— C'est vrai, j'ai entendu sonner quelque chose comme cela.

— Monsieur sait, repartit l'homme, que passé huit heures du soir le prix change. Nous venons chercher ici les voyageurs pour les obliger. L'usage est de payer avant de partir.

— A merveille, répondis-je en tirant ma bourse. *Combien est-ce?*

L'homme reprit avec douceur:

— Monsieur, c'est douze francs.

Je compris sur-le-champ l'opération. Le matin on annonce qu'on mènera les curieux à Biarritz pour trois sous par personne; il y a foule. Le soir, on remmène cette foule à Bayonne pour douze francs par tête.

J'avais éprouvé le matin même la rigidité stoïque de mon cocher; je ne répliquai pas un mot, et je payai.

Tout en rejoignant Bayonne au galop, la belle maxime du paysan navarrais me revint à l'esprit, et j'en fis, pour l'enseignement des voyageurs, cette traduction en langue vulgaire: VOITURES POUR BIARRITZ. Prix, par personne, pour aller: *Trois sous*; pour revenir: *Douze francs*. — Ne trouvez-vous pas que c'est une belle oscillation?

A quelque distance de Bayonne, un de mes compagnons de route me montra dans l'ombre sur une colline le château de Marrac, ou du moins ce qui en reste aujourd'hui.

Le château de Marrac est célèbre pour avoir été, en 1808, le logis de l'empereur, à l'époque de l'entrevue de Bayonne. Napoléon avait en cette occasion une grande pensée, mais la providence ne l'accepta pas; et, quoique Joseph Ier ait gouverné les Castilles comme un bon et sage prince, l'idée, pourtant si utile à l'Europe, à la France, à l'Espagne et à la civilisation, de donner une dynastie neuve à l'Espagne fut funeste à Napoléon comme elle l'avait été à Louis XIV.

Joséphine, qui était créole et superstitieuse, accompagnait l'empereur à Bayonne. Elle semblait avoir je ne sais quels pressentiments, et, comme Nunez Saledo dans la romance espagnole, elle répétait souvent : *Il arrivera malheur de ceci.*

Aujourd'hui qu'on voit le revers de ces événements déjà enfoncés dans l'histoire à une distance de trente années, on distingue, dans les moindres détails, tout ce qu'ils ont eu de sinistre, et il semble que la fatalité en ait tenu tous les fils.

En voici une particularité tout à fait inconnue et qui mérite d'être recueillie :

Pendant son séjour à Bayonne, l'empereur voulut visiter les travaux qu'il faisait exécuter au Boucaut. Les bayonnais qui avaient alors l'âge d'homme se souviennent que l'empereur, un matin, traversa à pied les allées marines pour aller gagner le brigantin mouillé dans le port qui devait le transporter à l'embouchure de l'Adour.

Il donnait le bras à Joséphine. Comme partout il avait là sa suite de rois, et, dans cette conjecture, c'étaient les princes du midi et les Bourbons d'Espagne qui lui faisaient cortége; le vieux roi Charles IV et sa femme; le prince des Asturies, qui depuis a été roi et appelé Ferdinand VII; don Carlos, aujourd'hui prétendant sous le nom de Charles VI.

Toute la population de Bayonne était dans les allées marines et entourait l'empereur, qui marchait sans gardes. Bientôt la foule devint si nombreuse et si importune dans sa curiosité méridionale que Napoléon doubla le pas. Les pauvres Bourbons essoufflés le suivaient à grand'peine.

L'empereur arriva au canot du brigantin d'une marche si précipitée qu'en y entrant Joséphine, voulant saisir en hâte la main que lui tendait le capitaine du navire, tomba dans l'eau jusqu'aux genoux. En toute autre circonstance elle n'aurait fait qu'en rire. — *C'eût été pour elle*, me disait-on en me contant la chose Mme la duchesse de C***, *une occasion de montrer sa jambe, qu'elle avait charmante.* Cette fois on remarqua qu'elle secoua la tête tristement. Le présage était mauvais.

Tout ce qui assistait à cette aventure a fait une triste fin. Napoléon est mort proscrit; Joséphine est morte répudiée; Charles IV et sa femme sont morts détrônés. Quant à ceux qui étaient alors de jeunes princes, l'un est mort, Ferdinand VII; l'autre, don Carlos, est prisonnier. Le brigantin qu'avait monté l'empereur s'est perdu deux ans après, corps et biens, sous le cap Ferret dans la baie d'Arcachon; le capitaine qui avait donné la main à l'impératrice, et qui s'appelait Lafon, a été condamné à mort pour ce fait, et fusillé. Enfin le château de Marrac, où Napoléon avait logé, transformé successivement en caserne et en séminaire, a disparu dans un incendie. En 1820, une nuit d'orage, une main inconnue y mit le feu aux quatre coins.

Souvenir de Biarritz. — 27 juillet.

8

V

LA CHARRETTE A BŒUFS

Saint-Sébastien, 28 juillet.

C'est le 27 juillet 1843, à dix heures et demie du matin, qu'au moment d'entrer en Espagne, entre Bidart et Saint-Jean-de-Luz, à la porte d'une pauvre auberge, j'ai revu une vieille charrette à bœufs espagnole. J'entends par là la petite charrette de Biscaye, à deux bœufs et à deux roues pleines qui tournent avec l'essieu et font un bruit effroyable qu'on entend d'une lieue dans la montagne.

Ne souriez pas, mon ami, du soin tendre avec lequel j'enregistre si minutieusement ce souvenir. Si vous saviez comme ce bruit, horrible pour tout le monde, est charmant pour moi! Il me rappelle des années bénies.

J'étais tout petit quand j'ai traversé ces montagnes et quand je l'ai entendu pour la première fois. L'autre jour, dès qu'il a frappé mon oreille, rien qu'à l'entendre, je me suis senti subitement rajeuni, il m'a semblé que toute mon enfance revivait en moi.

Je ne saurais vous dire par quel étrange et surnaturel effet ma mémoire était fraîche comme une aube d'avril, tout me revenait à la fois; les moindres détails de cette époque heureuse m'apparaissaient nets, lumineux, éclairés comme par le soleil levant. A mesure que la charrette à bœufs s'approchait avec sa musique sauvage, je revoyais distinctement ce ravissant passé, et il me semblait qu'entre ce passé et aujourd'hui il n'y avait rien. C'était hier.

Oh! le beau temps! les douces et rayonnantes années! J'étais enfant, j'étais petit, j'étais aimé. Je n'avais pas l'expérience et j'avais ma mère.

Les voyageurs autour de moi se bouchaient les oreilles; moi j'avais le ravissement dans le cœur. Jamais chœur de Weber, jamais symphonie de Beethoven, jamais mélodie de Mozart n'a fait éclore dans mon âme tout ce qu'éveillait en moi d'angélique et d'ineffable le grincement furieux de ces deux roues mal graissées dans un sentier mal pavé.

La charrette s'est éloignée, le bruit s'est affaibli peu à peu, et, à mesure qu'il s'éteignait dans la montagne, l'éblouissante apparition de mon enfance s'éteignait dans ma pensée; puis tout s'est décoloré et, quand la dernière note de ce chant harmonieux pour moi seul s'est évanouie dans la distance, je me suis senti retomber brusquement dans la réalité, dans le présent, dans la vie, dans la nuit.

Qu'il soit béni, le pauvre bouvier inconnu qui a eu le pouvoir mystérieux de faire rayonner ma pensée et qui, sans le savoir, a fait cette magique évocation dans mon âme! Que le ciel soit avec le passant qui réjouit d'une clarté inattendue le sombre esprit du rêveur!

Mon ami, ceci a rempli mon cœur, je ne vous écrirai rien de plus aujourd'hui.

VI

DE BAYONNE A SAINT-SÉBASTIEN

29 juillet.

Je suis parti de Bayonne au soleil levant. La route est charmante; elle court sur un haut plateau, ayant Biarritz à droite et la mer à l'horizon. Plus près, une montagne; plus près encore, une grande mare verte où un enfant tout nu fait boire une vache. Le paysage est magnifique; ciel bleu, mer bleue, soleil éclatant. Du haut d'une colline un âne regarde tout cela

> Dans le mol abandon
> D'un mandarin lettré qui mange du chardon.

Voici un joli château Louis XIII, le dernier qu'ait la France de ce côté au midi.

A Bidart, on change de chevaux. Je remarque, à la porte de l'église, une sorte d'idole bizarre, vénérée à présent comme autrefois; dieu pour les payens, saint pour les chrétiens. A qui ne pense pas il faut des fétiches.

Saint-Jean-de-Luz, est un village cahoté dans les anfractuosités de la montagne. Un petit hôtel à tourelles dans le genre de celles de l'hôtel d'Angoulême au Marais, a sans doute été bâti pour Mazarin à l'époque du mariage de Louis XIV.

La Bidassoa, jolie rivière à nom basque, semble faire la frontière de deux langues comme de deux pays et garder la neutralité entre le français et l'espagnol.

Nous traversons le pont. A l'extrémité méridionale la voiture s'arrête. On demande les passe-ports. Un soldat en pantalon de toile déchiré et en veste de vert rapiécée de bleu au coude et au collet apparaît à la portière. C'est la sentinelle; je suis en Espagne.

Me voici dans le pays où on prononce *b* pour *v*; ce dont s'extasiait cet ivrogne de Scaliger : *Felices populi*, s'écriait-il, *quibus* VIVERE *est* BIBERE.

Je n'ai pas même regardé l'île des Faisans, où la maison de France a épousé la maison d'Autriche, où Mazarin, l'athlète de l'astuce, a lutté corps à corps avec

Louis de Haro, l'athlète de l'orgueil. Cependant une vache broutait l'herbe; le spectacle est-il moins grand? la prairie est-elle déchue? Machiavel dirait oui; Hésiode dirait non.

Point de faisans dans l'île. Cette vache et trois canards représentent les faisans; comparses loués sans doute pour faire ce rôle à la satisfaction des passants.

C'est la règle générale. A Paris, au Marais, il n'y a pas de marais; rue des Trois-Pavillons, il n'y a pas de pavillons; rue de la Perle, il y a des gotons; dans l'île des Cygnes, il n'y a que des savates naufragées et des chiens crevés. Quand un lieu s'appelle l'île des Faisans, il y a des canards. O voyageurs, curieux impertinents, n'oubliez pas ceci!

Nous sommes à Irun.

Mes yeux cherchaient avidement Irun. C'est là que l'Espagne m'est apparue pour la première fois et m'a si fort étonné, avec ses maisons noires, ses rues étroites, ses balcons de bois et ses portes de forteresse, moi l'enfant français élevé dans l'acajou de l'empire. Mes yeux, accoutumés aux lits étoilés, aux fauteuils à cous de cygne, aux chenets en sphinx, aux bronzes dorés et aux marbres bleu turquin, regardaient avec une sorte de terreur les grands bahuts sculptés, les tables à pieds tors, les lits à baldaquins, les argenteries contournées et trapues, les vitres maillées de plomb, tout ce monde vieux et nouveau qui se révélait à moi.

Hélas! Irun n'est plus Irun. Irun est maintenant plus empire et plus acajou que Paris. Ce ne sont que maisons blanches et contrevents verts. On sent que l'Espagne, toujours arriérée, lit Jean-Jacques Rousseau en ce moment. Irun a perdu toute sa physionomie. O villages qu'on embellit, que vous devenez laids! Où est l'histoire? où est le passé? où est la poésie? où sont les souvenirs? Irun ressemble aux Batignolles.

A peine y a-t-il encore deux ou trois maisons noires à balcon en surplomb. J'ai cru reconnaître pourtant et j'ai salué du fond de l'âme la maison qui faisait face à celle qu'occupait ma mère, cette vieille maison que je considérais pendant de longues heures avec tant d'étonnement et déjà, quoique enfant, français et nourri dans l'acajou, avec une sorte de sympathie. La maison où ma mère a logé a disparu dans un embellissement.

Il y a encore sur la place une vieille colonne aux armes d'Espagne du temps de Philippe II. L'empereur Napoléon, passant à Irun, s'est adossé à cette colonne.

En sortant d'Irun, j'ai reconnu la forme de la route, dont un côté monte pendant que l'autre descend. Je me la rappelle comme si je la voyais. C'était le matin Les soldats de notre escorte, gais comme le sont toujours les soldats en temps de guerre lorsqu'ils partent avec des vivres pour trois jours, montaient par la route qui s'élève, et nous suivions la route qui descend.

Fontarabie m'avait laissé une impression lumineuse. Elle était restée dans mon esprit comme la silhouette d'un village d'or, avec clocher aigu, au fond d'un golfe bleu, dans un élargissement immense. Je ne l'ai pas revue comme je l'avais vue. Fontarabie est un assez joli village situé sur un plateau avec une promenade d'arbres au bas et la mer à côté, et assez près d'Irun. Une demi-lieue.

La route s'enfonce dans des montagnes superbes par la forme, charmantes par la verdure. Les collines ont des casaques de velours vert, usé çà et là. Une maison se présente, grande maison de pierre à balcon, avec un vaste blason qu'on prend d'abord pour l'écusson d'Espagne, tant il est pompeux et impérialement bigarré. Une inscription avertit : *Estas armas de la casa Solar. Año* 1759.

Un torrent côtoie le grand chemin. A chaque instant des ponts d'une arche couverts de lierre, branlant sous quelque chariot à bœufs qui les traverse. Cri affreux des roues dans les ravins.

Depuis quelques instants un homme armé d'une escopette court à côté de la diligence, vêtu comme un faubourien de Paris; veste ronde et pantalon large en velours de coton couleur cuir; cartouchière sur le ventre; chapeau rond ciré comme nos cochers de fiacre, avec cette inscription : CAZADORES DE GUIPUZCOA. C'est-à-dire un gendarme.

Il escorte la diligence. Est-ce qu'il y a des voleurs? Pas possible. On sort de France! on hausse les épaules. Cependant on entre dans un village. Comment s'appelle cet endroit? Astigarraga. Qu'est-ce que cette longue voiture peinte en vert à la porte de cette auberge? C'est la malle-poste. Pourquoi est-elle arrêtée, dételée et déchargée? Elle est déchargée parce qu'elle n'a plus de chargement; dételée parce qu'elle n'a plus de chevaux; arrêtée parce qu'elle a été arrêtée. Arrêtée! par qui? Par des voleurs, qui ont tué le postillon, emmené les chevaux, dévalisé la voiture et détroussé les voyageurs. Et les pauvres diables qui sont sur le seuil de l'auberge avec cet air piteux? Ce sont les voyageurs.

Ah! vraiment? On se réveille. Cela est donc possible. Décidément on voit qu'on est sorti de France.

Le cazador vous quitte. Un autre se présente. Celui qui vous quitte vient à la portière et vous demande l'aumône. C'est sa paie.

On songe aux pièces d'or qu'on a dans sa poche et l'on donne une pièce d'argent. Les pauvres donnent un sou, les avares un liard. Le cazador prend tout, reçoit la peseta, prend le sou et accepte le liard. Le cazador ne sait guère que courir sur la route, porter un fusil et demander l'aumône, c'est là toute son industrie.

Je me suis posé ce problème : que deviendrait le cazador s'il n'y avait pas de voleurs? Belle question! il se ferait voleur.

J'en ai peur, du moins. Il faut bien que le cazador vive.

Les deux tiers des villages sont ruinés par les carlistes, à moins que ce ne soit par les cristinos. La guerre civile chouannait dans le Guipuzcoa et la Navarre il y a six ans à peine. En Espagne, la grande route appartient à la guerre civile de temps en temps, aux voleurs toujours. Les voleurs sont l'ordinaire.

Au moment d'entrer à Hernani, la route tourne à droite brusquement. Il y a un trottoir pour le piéton qui longe le chemin. Force paysans en béret allant au marché vendre leur bétail.

Comme la diligence descendait une côte au galop, un pauvre bœuf effrayé s'est jeté dans une broussaille. Un petit garçon de quatre ou cinq ans qui le conduisait lui a pris la tête et la lui a cachée dans sa poitrine en le flattant doucement de la main. Il faisait à ce bœuf ce que sa mère lui fait sans doute à lui enfant. Le bœuf tremblant de tous ses membres, enfonçait avec confiance sa grosse tête ornée de cornes énormes entre les petits bras de l'enfant, en jetant de côté un coup d'œil effaré sur la diligence emportée par six mules avec un horrible bruit de grelots et de chaînes. L'enfant souriait et lui parlait tout bas. Rien de touchant et d'admirable comme de voir cette force brutale et aveugle gracieusement rassurée par la faiblesse intelligente.

La diligence parvient au sommet d'une colline; spectacle magnifique.

Un promontoire à droite, un promontoire à gauche, deux golfes, un isthme au milieu, une montagne dans la mer; au pied de la montagne une ville. Voilà Saint-Sébastien.

Le premier coup d'œil est magique; le second est amusant. Un vieux phare sur la promenade à gauche. Une île dans la baie sous ce phare. Un couvent ruiné. Une plage de sable. Les chariots à bœufs déchargent sur la plage les navires chargés de minerai de fer. Le port de Saint-Sébastien est un curieux enchevêtrement de musoirs compliqués.

A droite la vallée de Loyola pleine de rouges-gorges, où l'Arumea, belle rivière couleur d'acier, dessine un fer à cheval gigantesque. Sur le promontoire nord, quelques pans de murs rasés, restes du fort d'où Wellington bombarda la ville en 1813. La mer brise admirablement.

Sur la porte de la ville, un beau cartouche fruste du temps de Philippe II contenait sans doute des armes de la ville, effacées par quelques révolutions à la française. En dedans de cette même porte, au-dessus du corps de garde et de la sentinelle, un grand christ de bois peint saignant à longues gouttes sous sa couronne d'épines. Un bénitier à côté. Les soldats de garde jouent de la guitare et des castagnettes.

L'aspect de Saint-Sébastien est celui d'une ville rebâtie à neuf, régulière et carrée comme un damier.

Faute d'édifices à décrire, voulez-vous quelques traits de mœurs locales?

Tout en dînant, j'entendais des rires dans la rue et des castagnettes. Je sors, une nuée d'hommes étranges m'entoure; dépenaillés, drapés de haillons, fiers et élégants comme les figures de Callot; chapeaux d'incroyables du Directoire; petites moustaches; air noble, spirituel et effronté. On crie autour de moi: *los estudiantes! los estudiantes!* Ce sont des écoliers de Salamanque en vacances. L'un d'eux s'approche de moi, me salue et me tend son chapeau. J'y jette une peseta. Il se relève. Tous crient: Viva! ils courent ainsi le pays demandant l'aumône. Quelques-uns sont riches. Cela les amuse. En Espagne, demander l'aumône n'a rien de choquant. Cela se fait.

J'entre chez un barbier. Cet artiste habite une façon de caveau. Trois grands murs et pas de fenêtres; une porte au fond. Le logis est meublé d'un miroir Louis XV exquis, de deux gravures coloriées d'Austerlitz et de Marengo, d'un petit enfant et de quatre ou cinq grandes roues comme il pouvait y en avoir jadis dans la maison du bourreau. Cet homme parle quatre langues, sent très mauvais et rase admirablement. Voici son histoire: Il est né à Aix-la-Chapelle, et parle allemand. L'empereur en a fait un français et l'empire un soldat, il parle français. Les espagnols en 1811 l'ont fait prisonnier, il s'est marié dans le pays et a épousé une *basquaise*, comme il dit. Il parle basque. Voilà ce que c'est que d'avoir des aventures en quatre langues différentes.

Un grand et vigoureux basque, qui me dit se nommer Oyarbide, s'offre à me porter mes effets. Il les soupèse. — C'est lourd! — Combien veux-tu? — Une peseta. — C'est dit. — Il charge le tout sur sa tête et semble gémir du poids. Nous rencontrons une femme, une pauvre vieille femme, pieds nus, déjà chargée. Il va à elle, lui dit en basque je ne sais quoi; la femme s'arrête. Il lui charge tout son paquet sur la tête dans le vaste panier qu'elle porte déjà à moitié rempli, puis il vient près de moi. La femme chemine devant. Oyarbide, les mains derrière le dos, marche à mon côté et me fait la conversation. Il a un cheval; il me l'offre pour une excursion à Renteria et à Fontarabie; ce sera, pour un jour, huit piécettes. Nous arrivons. La vieille femme pose le paquet aux pieds d'Oyarbide et lui fait la révérence. Je donne à Oyarbide sa peseta. — Est-ce que vous ne donnez rien à cette pauvre femme? me dit-il.

VII

SAINT-SÉBASTIEN

Saint-Sébastien. — 2 août.

Savez-vous où je suis? Dans une charmante ville. A Saint-Sébastien. Et pourquoi y suis-je? A quel propos y suis-je venu? Je ne le sais en vérité pas. L'idée m'a pris d'entrer en Espagne.

J'y ai un pied du moins. Ceci est un pays de poëtes et de contrebandiers. La nature est magnifique; sauvage comme il la faut aux rêveurs, âpre comme il la faut aux voleurs. Une montagne au milieu de la mer. La trace des bombes sur toutes les maisons, la trace des tempêtes sur tous les rochers, la trace des puces sur tous les chemins : voilà Saint-Sébastien.

Mais suis-je bien ici en Espagne? Saint-Sébastien tient à l'Espagne comme l'Espagne tient à l'Europe, par une langue de terre. C'est une presqu'île dans la presqu'île; et ici encore, comme dans une foule d'autres choses, l'aspect physique est la figure de l'état moral. On est à peine espagnol à Saint-Sébastien, on est basque.

C'est ici le Guipuzcoa, c'est l'antique pays des fueros, ce sont les vieilles provinces libres vascongadas. On parle bien un peu castillan, mais on parle surtout *bascuence*. Les femmes ont la mantille, mais elles n'ont pas la basquine; et encore cette mantille, que les madrilènes portent avec tant de coquetterie et de grâce jusque sur les yeux, les guipuzcoanes la relèguent sur l'arrière-sommet de la tête, ce qui ne les empêche pas d'ailleurs d'être très coquettes et très gracieuses. On danse le soir sur la pelouse en faisant claquer ses doigts dans le creux de sa main; ce n'est que l'ombre des castagnettes. Les danseuses se balancent avec une souplesse harmonieuse, mais sans verve, sans fougue, sans emportement, sans volupté; ce n'est que l'ombre de la cachucha.

Et puis les Français sont partout; dans la ville, sur douze marchands tenant *boticas*, il y a trois français. Je ne me plains pas: je constate le fait. Au reste, à ne les considérer, bien entendu, que sous le côté des mœurs, toutes ces villes-ci, en deçà comme au delà, Bayonne comme Saint-Sébastien, Oloron comme Tolosa, ne sont que des pays mixtes. On y sent le remous

des peuples qui se mêlent. Ce sont des embouchures de fleuves. Ce n'est ni France, ni Espagne; ni mer, ni rivière.

Aspect singulier d'ailleurs et digne d'étude. J'ajoute qu'ici un lien secret et profond, et que rien n'a pu rompre, unit, même en dépit des traités, ces frontières *diplomatiques*, même en dépit des Pyrénées, ces frontières naturelles, tous les membres de la mystérieuse famille basque. Le vieux mot *Navarre* n'est pas un mot. On naît basque, on parle basque, on vit basque et l'on meurt basque. La langue basque est une patrie, j'ai presque dit une religion. Dites un mot basque à un montagnard dans la montagne; avant ce mot, vous étiez à peine un homme pour lui; vous voilà son frère. La langue espagnole est ici une étrangère comme la langue française.

Sans doute cette unité vascongada tend à décroître et finira par disparaître. Les grands états doivent absorber les petits; c'est la loi de l'histoire et de la nature. Mais il est remarquable que cette unité, si chétive en apparence, ait résisté si longtemps. La France a pris un revers des Pyrénées, l'Espagne a pris l'autre; ni la France ni l'Espagne n'ont pu désagréger le groupe basque. Sous l'histoire nouvelle qui s'y superpose depuis quatre siècles, il est encore parfaitement visible comme un cratère sous un lac.

Jamais la loi d'adhésion moléculaire sous laquelle se forment les nations n'a plus énergiquement lutté contre les mille causes de toutes sortes qui dissolvent et recomposent ces grandes formations naturelles. Je voudrais, soit dit en passant, que les faiseurs d'histoire et les faiseurs de traités étudiassent un peu plus qu'ils n'en ont l'habitude cette mystérieuse chimie selon laquelle se fait et se défait l'humanité.

Cette unité basque amène des résultats étranges. Ainsi le Guipuzcoa est un vieux pays de communes. L'antique esprit républicain d'Andorre et de Bagnères s'est répandu depuis un siècle dans les monts Jaitzquivel, qui sont en quelque façon le Jura des Pyrénées. Ici l'on vivait sous une charte, tandis que la France était sous la monarchie absolue très chrétienne et l'Espagne sous la monarchie absolue catholique. Ici, depuis un temps immémorial, le peuple élit l'alcade, et l'alcade gouverne le peuple. L'alcade est maire, l'alcade est juge, et il appartient au peuple. Le curé appartient au pape. Que reste-t-il au roi? le soldat. Mais, si c'est un soldat castillan, le peuple le rejettera; si c'est un soldat basque, le curé et l'alcade auront son cœur, le roi n'aura que son uniforme.

Au premier abord, il semblerait qu'une nation pareille était admirablement préparée pour recevoir les nouveautés françaises. Erreur. Les vieilles libertés craignent la liberté nouvelle. Le peuple basque l'a bien prouvé.

Au commencement de ce siècle, les cortès, qui faisaient à tout propos, et souvent d'ailleurs à propos, des traductions de la constituante, décrétèrent l'unité espagnole. L'unité basque se révolta. L'unité basque, acculée à ses montagnes, entreprit la guerre du nord contre le midi. Le jour où le trône rompit avec les cortès, c'est dans le Guipuzcoa que la royauté effrayée et traquée se réfugia. Le pays des droits, la nation des fueros cria: *Viva el rey neto!* L'antique liberté basque fit cause commune contre l'esprit révolutionnaire avec l'antique monarchie des Espagnes et des Indes.

Et sous cette contradiction apparente il y avait une logique profonde et un instinct vrai. Les révolutions — insistons sur ceci — ne traitent pas moins rudement les anciennes libertés que les anciens pouvoirs. Elles remettent tout à neuf, et refont tout sur une grande échelle; car elles travaillent pour l'avenir, et elles prennent dès à présent la mesure de l'Europe future. De là ces immenses généralisations qui sont, pour ainsi dire, les cadres des nations de l'avenir, qui s'approprient si difficilement aux vieux peuples, et qui tiennent si peu compte des vieilles mœurs, des vieilles lois, des vieilles coutumes, des vieilles franchises, des vieilles frontières, des vieux idiomes, des vieilles habitudes, des vieux empiétements, des vieux nœuds que toutes les choses font, des vieux principes, des vieux systèmes, des vieux faits.

Dans la langue révolutionnaire, les vieux principes s'appellent *préjugés*, les vieux faits s'appellent *abus*. Cela est tout à la fois vrai et faux. Quelles qu'elles soient, républicaines ou monarchiques, les sociétés vieillies se remplissent d'abus, comme les vieux hommes de rides et les vieux édifices de ruines; mais il faudrait distinguer, arracher la ronce et respecter l'édifice, arracher l'abus et respecter l'état. C'est ce que les révolutions ne savent, ne veulent ou ne peuvent faire. Distinguer, choisir, élaguer, elles ont bien le temps vraiment! elles ne viennent pas pour sarcler le champ, mais pour faire trembler la terre.

Une révolution n'est pas un jardinier, c'est le souffle de Dieu.

Elle passe une première fois, tout s'écroule; elle passe une seconde fois, tout renaît.

Les révolutions donc malmènent le passé. Tout ce qui a un passé les craint. Aux yeux des révolutions, l'antique roi d'Espagne était un abus, l'antique alcade basque en était un autre. Les deux abus ont senti le péril et se sont ligués contre l'ennemi commun; le roi s'est appuyé sur l'alcade. Et voilà comment il s'est fait qu'au grand étonnement de ceux qui ne voient que les surfaces des choses, la vieille république guipuzcoane a lutté pour le vieux despotisme castillan contre la constitution de 1812.

Ceci, du reste, n'est pas sans analogie avec le fait de la Vendée. La Bretagne était un pays d'états et de franchises. Le jour où la République une et indivisible fut décrétée, la Bretagne sentit confusément que l'unité bretonne allait se perdre dans la grande unité française; elle se leva comme un seul homme pour défendre le passé et lutter pour le *roi de France* contre la Convention nationale.

Les anciens peuples qui combattent de la sorte sont trop faibles pour descendre en plaine et livrer des batailles rangées aux races nouvelles, aux idées nouvelles, aux armées nouvelles; ils appellent la nature à leur aide; ils font la guerre de bruyères, la guerre de montagnes, la guerre du désert. La Vendée fit la guerre de bruyères; le Guipuzcoa fit la guerre de montagnes; l'Afrique fait la guerre du désert.

Cette guerre a laissé ici sa trace partout. Au milieu de la plus belle nature et de la plus belle culture, parmi les champs de tomates qui vous montent jusqu'aux hanches, parmi des champs de maïs où la charrue passe deux fois par saison, vous voyez tout à coup une maison sans vitres, sans porte, sans toit, sans habitants. Qu'est cela? Vous regardez. La trace de l'incendie est sur les pierres du mur. Qui a brûlé cette maison? ce sont les carlistes. Le chemin tourne. En voici une autre. Qui a brûlé celle-ci? les cristinos. Entre Hernani et Saint-Sébastien, j'avais entrepris de compter les ruines que je voyais de la route. En cinq minutes, j'en ai compté dix-sept. J'y ai renoncé.

En revanche, la petite révolution anti-espartériste, qu'on appelle *el pronunciamiento*, s'est faite à Saint-Sébastien le plus paisiblement du monde. Saint-Sébastien ne bougeait pas, laissant les autres villes de la province se prononcer à leur fantaisie. Sur ce, arrive un message des gens de Pampelune: qu'il faut un pronunciamiento à Saint-Sébastien ou qu'autrement ils y descendront. Saint-Sébastien n'a pas peur, mais cette pauvre ville est fatiguée. La guerre civile d'Espartero après la guerre civile de don Carlos, c'était trop. Les principaux de la ville se sont réunis à l'ayuntamiento; on a convoqué les deux officiers de chaque compagnie de la milice urbaine; on a dressé dans une salle une table avec tapis vert; sur cette table on a rédigé une chose quelconque, on a lu cette chose par une fenêtre aux personnes qui étaient dans la place; quelques enfants qui jouaient aux marelles se sont interrompus un instant et ont crié: Vivat. Le soir même on a signifié ces événements à la garnison qui était dans le castillo.

La garnison a adhéré à la chose écrite sur la table de la mairie et lue à la fenêtre de la place. Le lendemain le général a pris la poste, le surlendemain le chef politique a pris la diligence; deux jours après le colonel s'en est allé. La révolution était faite.

Voilà du moins l'histoire telle qu'on me l'a contée.

Je faisais route, en traversant ce beau pays dévasté, avec un ancien capitaine carliste, juché comme moi sur l'impériale de *las diligencias peninsulares* de Bayonne. C'était un homme de bonnes manières, distingué, silencieux, pensif. Je lui demandai à brûle-pourpoint en espagnol : *que pensa usted de don Carlos?* (Que pensez-vous de don Carlos?) Il me répondit en français : *C'est un imbécile.* Prenez imbécile dans le sens *d'imbécillis*, débile. Vous aurez un jugement vrai qui ne tombera pas sur l'homme, mais sur le moment donné où l'homme a vécu.

Cette guerre de 1833 à 1839 a été sauvage et violente. Les paysans ont vécu cinq ans dispersés dans les bois et dans la montagne, sans mettre le pied dans leurs maisons. Tristes instants pour une nation que ceux où le *chez soi* disparait. Les uns étaient enrôlés, les autres en fuite. Il fallait être carliste ou cristino. Les partis veulent qu'on soit d'un parti. Les cristinos brûlaient les carlistes, et les carlistes les cristinos. C'est la vieille loi, la vieille histoire, le vieil esprit humain.

Ceux qui s'abstenaient étaient traqués aujourd'hui par les carlistes et fusillés demain par les cristinos. Toujours quelque incendie fumait à l'horizon.

Les nations en guerre connaissent le droit des gens, les partis l'ignorent.

Ici la nature fait tout ce qu'elle peut pour rasséréner l'homme, et l'homme fait tout ce qu'il peut pour assombrir la nature.

Don Carlos ne prenait, de sa personne, aucune part à la guerre. Il résidait tantôt à Tolosa, tantôt à Hernani. Quelquefois, il allait d'une ville à l'autre, tenant une petite cour, ayant des levers, et vivant selon l'étiquette espagnole la plus rigoureuse. Quand il arrivait dans quelque village où il n'avait pas encore logé, on lui choisissait la meilleure maison; mais il savait se contenter de peu. Il allait ordinairement vêtu d'une redingote de couleur sombre, sans épaulettes ni broderies, avec la toison d'or et la plaque de Charles III. Son fils, le prince des Asturies, portait le béret basque, et avait fort bonne mine ainsi. Don Carlos, madame la princesse de Beïra, sa femme, et le prince des Asturies, voyageaient à cheval ; et madame la princesse de Beïra donnait l'exemple du courage dans le péril et de la gaieté dans la fatigue. Plusieurs fois le groupe royal faillit être surpris par Espartero; la princesse alors montait allègrement à cheval, et disait en riant : *Vamos.*

Ferdinand VII n'aimait pas don Carlos, et le craignait. Il l'accusait de conspirer sous son règne ; ce qui n'était pas. Pourtant, la dernière personne que le roi Ferdinand voyait tous les soirs avant de s'endormir, c'était son frère. A minuit, don Carlos entrait, baisait la main du roi, et sortait, souvent sans que les deux frères eussent échangé une parole.

Les gardes du corps avaient ordre de ne laisser entrer à cette heure dans la chambre royale que don Carlos et le fameux père Cyrillo. Ce père Cyrillo avait de l'esprit et des lettres. C'est un profil qui eût valu la peine d'être dessiné entre deux pareils princes et d'eux pareils frères. Les partis l'ont défiguré à fantaisie avec une étrange fureur.

Il y avait beaucoup d'anglais parmi les gardes du corps de Ferdinand VII. C'était à eux que le roi parlait le plus volontiers quand il allait jouer, après la messe, une partie de billard, qui était sa plus grande affaire, et qui durait presque toute la journée. Lorsqu'il était en belle humeur, il leur donnait des cigares.

A vrai dire, don Carlos fut perdu comme prétendant le jour où Zumalacarregui mourut. Zumalacarregui était un vrai basque. Il était le nœud du faisceau carliste. Après sa mort, l'armée de Charles V ne fut plus qu'un fagot délié, comme dit le marquis de Mirabeau. Il y avait deux partis autour de don Carlos, le parti de la cour, *il rey neto*, et le parti des droits, *los fueros*. Zumalacarregui était l'homme des « droits ». Il neutralisait près du prince l'influence cléricale; il disait souvent : *Il demonio los frayles!* Il tenait tête au père Larranaga, confesseur de don Carlos. La Navarre adorait Zumalacarregui. Grâce à lui, l'armée de don Carlos compta un moment trente mille combattants réguliers et deux cent cinquante mille insurgés auxiliaires, répandus dans la plaine, dans la forêt et dans la montagne.

Le général basque traitait d'ailleurs « son roi » assez cavalièrement. C'était lui qui plaçait et déplaçait à sa fantaisie cette pièce capitale de la partie d'échecs qu'on jouait alors en Espagne. Zumalacarregui écrivait sur un chiffon de papier: *Hoy su magestad irà à tal parte!* Don Carlos allait.

La guerre de Navarre finit en 1839, brusquement. La trahison de Maroto, payée, dit-on, un million de piastres, brisa l'armée carliste. Don Carlos, obligé de se réfugier en France, fut conduit jusqu'à la frontière à coups de fusil.

Ce jour-là, quelques familles de Bayonne étaient allées pour se divertir précisément à ce point de la frontière où le hasard amena don Carlos. Elles assistèrent à l'entrée du prince et à la dernière lutte de la petite troupe fidèle qui l'entourait. Dès que le prince eut mis le pied sur le territoire français, la fusillade cessa.

Il y avait là une pauvre masure de chevrier. Don Carlos y entra. En entrant, il dit à madame la princesse de Beïra qui l'accompagnait : — Avez-vous eu peur? — Non, seigneur, répondit-elle.

Puis le prince demanda une chaise et se fit dire la messe par son chapelain. La messe entendue, il prit le chocolat et fuma un cigare.

La poignée d'hommes qui avait combattu pour lui jusqu'au dernier moment ne se composait que de navarrais. Elle fut entourée et saisie par un détachement français. Ces pauvres soldats s'en allèrent d'un côté et don Carlos de l'autre. Il ne leur adressa pas une parole; il ne les regarda même pas. Le prince et l'armée se séparèrent sans un adieu.

Elio, qui avait passé dix-sept mois en prison par ordre de don Carlos, était de cette troupe. Quand il arriva à Bayonne, le général Harispe lui dit : — Général Elio, j'ai l'ordre de faire une exception pour vous. Demandez-moi tout ce que vous voudrez. Que désirez-vous pour vous et votre famille? — Du pain et des souliers pour mes soldats, dit Elio. — Et pour votre famille? — Je viens de vous le dire. — Vous n'avez parlé que de vos soldats, reprit le général Harispe. — Mes soldats, répondit Elio, c'est ma famille. — Elio était un héros.

Saint-Sébastien a vu ces événements, et bien d'autres encore. Il a été bombardé par les français en 1719, et brûlé en 1814 par les anglais.

Mais on m'annonce que le courrier part. Je jette à la hâte, et sans le relire, tout ce griffonnage sous enveloppe. Il me semble que je puis finir cette lettre par un bombardement et un incendie.

Saint-Sébastien.
Le vieux phare.

VIII

PASAGES

L'autre jour j'étais sorti de Saint-Sébastien à l'heure de la marée. J'avais pris à gauche, à l'extrémité de la promenade, par le pont de bois sur l'Urumec, qu'on passe pour un quarto. Une route s'était présentée, je l'avais acceptée au hasard, et j'allais, je marchais dans la montagne sans trop savoir où j'étais.

Peu à peu le paysage extérieur, que je regardais vaguement, avait développé en moi cet autre paysage intérieur que nous nommons la rêverie. J'avais l'œil tourné et ouvert au dedans de moi, et je ne voyais plus la nature, je voyais mon esprit. Je ne pouvais dire ce que je faisais dans cet état auquel vous me savez sujet; je me rappelle seulement d'une manière confuse que je suis resté quelques minutes arrêté devant un liseron dans lequel allait et venait une fourmi, et que dans ma rêverie ce spectacle se traduisait en cette pensée : — Une fourmi dans un liseron. Le travail et le parfum. Deux grands mystères, deux grands conseils.

Je ne sais depuis combien de temps je marchais ainsi quand tout à coup un bruit aigu composé de mille cris bizarres m'a réveillé. J'ai regardé; j'étais entre deux collines avec de hautes montagnes pour horizon, et j'allais droit à un bras de mer auquel la route que je suivais aboutissait brusquement à vingt toises devant moi. Là, au point où le chemin plongeait dans le flot, il y avait quelque chose de singulier.

Une cinquantaine de femmes, rangées sur une seule ligne comme une compagnie d'infanterie, semblaient attendre quelqu'un, et l'appeler, et le réclamer, avec des glapissements formidables. La chose m'a fort émerveillé : mais ce qui a redoublé ma surprise, ç'a été de reconnaître, au bout d'un instant, que ce quelqu'un, si attendu, si appelé, si réclamé, c'était moi. La route était déserte, j'étais seul, et toute cette bourrasque de cris s'adressait vraiment à moi.

Je me suis approché, et mon étonnement s'est encore accru. Ces femmes me jetaient toutes à la fois les paroles les plus vives et les plus engageantes : *Señor frances, benga usted con migo! — Con migo, caballero! — Ven, hombre, muy bonita soy!*

Elles m'appelaient avec les pantomimes les plus expressives et les plus variées, et pas une n'avançait vers moi. Elles semblaient des statues vivantes enracinées dans le sol auxquelles un magicien eût dit : Faites tous les cris, faites tous les gestes; ne faites point un pas. Du reste, elles étaient de tout âge et de toute figure, jeunes, vieilles, laides, jolies, les jolies coquettes et parées, les vieilles en haillons. Dans les pays rustiques, la femme est moins heureuse que le papillon de son champ. Il commence par être chenille; ici c'est par là que la femme finit.

Comme elles parlaient toutes à la fois, je n'en entendais aucune, et j'ai été quelque temps avant de comprendre. Enfin des barques amarrées au rivage m'ont expliqué la chose. J'étais au milieu d'un groupe de batelières qui m'offraient de me faire passer l'eau.

Mais pourquoi des batelières et non des bateliers? Que signifiait cette obsession si ardente qui semblait avoir une frontière et ne jamais la franchir? Enfin, où voulaient-elles me conduire? Autant d'énigmes, autant de raisons pour aller en avant.

Je demandai son nom à la plus jolie; elle s'appelait Pepa. Je sautai dans son bateau.

En ce moment j'aperçus un passager qui était déjà dans une autre barque; nous courions risque d'attendre longtemps chacun de notre côté; en nous réunissant nous pouvions partir tout de suite. Comme le dernier venu, c'était à moi de rejoindre l'autre. Je quittai donc le bateau de Pepa. Pepa faisait la moue; je lui donnai une peseta; elle prit l'argent et continua de faire la moue, ce qui me flatta singulièrement; car une peseta, c'était, comme me l'expliqua mon compagnon de route, le double du prix *maximum* du passage. Elle avait donc l'argent, sans la peine.

Cependant nous avions quitté le bord, et nous voguions dans un golfe où tout était vert, la vague et la colline, la terre et l'eau. Notre nacelle était conduite par deux femmes, une vieille et une jeune, la mère et la fille. La fille, fort jolie et fort gaie, avait nom Manuela et surnom la Catalana. Les deux batelières ramaient debout, d'arrière en avant, chacune avec un seul aviron, d'un mouvement lent, simple et gracieux. Toutes deux

PASAGES.

parlaient passablement français. Manuela, avec son petit chapeau de toile cirée orné d'une grosse rose, sa longue natte, tressée et flottante sur le dos à la mode du pays, son fichu jaune vif, son jupon court, sa jambe bien faite, montrait les plus belles dents du monde, riait beaucoup et était charmante. Quant à la mère, hélas! elle aussi avait été papillon.

Mon compagnon était un espagnol silencieux, qui, me trouvant plus silencieux que lui, prit, comme il arrive toujours, le parti de m'adresser la parole. Il commença, bien entendu, par achever son cigare. Puis il se tourna vers moi. En Espagne, cigare qui finit, causerie qui commence. Moi, comme je ne fume pas, je ne cause pas. Je n'ai jamais la grande raison qui fait le commencement d'une conversation, la fin d'un cigare.

— Seigneur, me dit mon homme en espagnol, l'avez-vous déjà vu?

Je lui répondis en espagnol :

— Non, seigneur.

Remarquez le *non*, et admirez-le. Si j'avais dit : *Quoi?* ce qui eût été plus naturel, j'aurais eu une explication, et j'aurais eu probablement tout de suite la clef de mes énigmes; or je voulais garder mon petit mystère le plus longtemps possible, et je tenais à ne pas savoir où j'allais.

— En ce cas, seigneur, reprit mon compagnon, vous allez voir quelque chose de très beau.

— En vérité? fis-je.

— Cela est fort long.

Fort long? pensai-je; qu'est-ce que cela peut être?

L'espagnol repartit : — C'est la plus longue qu'il y ait dans la province.

— Bon, me dis-je à moi-même, la chose est du féminin.

— Seigneur, reprit mon compagnon, en avez-vous déjà vu d'autres?

— Quelquefois, répondis-je. Autre réponse dans le goût de la première.

— Je gage que vous n'en avez point vu de plus longue.

— Oh! oh! vous pourriez perdre.

— Voyons, quelles sont celles que le seigneur cavalier a déjà vues?

La question devenait pressante. Je répondis :

— Celle de Bayonne, — sans savoir de quoi je parlais.

— Celle de Bayonne! s'écria mon homme, celle de Bayonne! Eh bien, monsieur, celle de Bayonne a trois cents pieds de moins que celle-ci. L'avez-vous mesurée?

— Je répondis avec le même sang-froid : — Oui, seigneur.

— Eh bien, mesurez celle-ci.

— J'y compte bien.

— Vous serez édifié. Un escadron de cavalerie y tiendrait sur une seule file.

— Pas possible?

— Comme je vous le dis, cavalier. Je vois que le seigneur cavalier est un amateur.

— Forcené.

— Vous êtes français, reprit mon homme ; et, s'épanouissant, il ajouta :

— Vous venez peut-être de France tout exprès pour la voir.

— Précisément. Tout exprès.

Mon espagnol était rayonnant. Il me tendit la main, et me dit :

— Eh bien, monsieur (il dit le mot en français, grande courtoisie), vous allez être content. C'est droit comme un I, c'est tiré au cordeau, c'est magnifique.

Diable! pensai-je, est-ce que ce joli golfe aurait pour prolongement une rue de Rivoli? Quelle amère dérision! fuir la rue de Rivoli jusque dans le Guipuzcoa, et l'y retrouver emmanchée à un bras de mer, ce serait triste!

Cependant notre barque avançait toujours. Elle doubla un petit cap qu'une grande maison ruinée domine de ses quatre murailles percées de portes sans battants et de fenêtres sans châssis.

Tout à coup, comme par magie, et sans que j'eusse entendu le sifflet du machiniste, le décor changea, et un ravissant spectacle m'apparut.

Un rideau de hautes montagnes vertes découpant leurs sommets sur un ciel éclatant ; au pied de ces montagnes, une rangée de maisons étroitement juxtaposées; toutes ces maisons peintes en blanc, en safran, en vert, avec deux ou trois étages de grands balcons abrités par le prolongement de deux larges toits roux à tuiles creuses : à tous ces balcons mille choses flottantes, des linges à sécher, des filets, des guenilles rouges, jaunes, bleues; au pied de ces maisons; la mer; à ma droite, à mi-côte, une église blanche; à ma gauche, au premier plan, au pied d'une autre montagne, un autre groupe de maisons à balcons aboutissant à une vieille tour démantelée; des navires de toute forme et des embarcations de toute grandeur rangées devant les maisons, amarrées sous la tour, courant dans la baie; sur ces navires, sur cette tour, sur ces maisons, sur cette église, sur ces guenilles, sur ces montagnes et dans ce ciel, une vie, un mouvement, un soleil, un azur, un air et une gaieté inexprimables; voilà ce que j'avais sous les yeux.

Cet endroit magnifique et charmant comme tout ce qui a le double caractère de la joie et de la grandeur, ce lieu inédit qui est un des plus beaux que j'aie vus et qu'aucun « tourist » ne visite, cet humble coin de terre et d'eau qui serait admiré s'il était en Suisse et célèbre s'il était en Italie, et qui est inconnu parce qu'il est en Guipuzcoa, ce petit éden rayonnant où j'arrivais par hasard, et sans savoir où j'allais, et sans savoir où j'étais, s'appelle en espagnol *Pasages* et en français *le Passage*.

La marée basse laisse la moitié de la baie à sec et la sépare de Saint-Sébastien qui est lui-même presque séparé du monde. La marée haute rétablit « le Passage ». De là ce nom.

La population de ce bourg n'a qu'une industrie, le

travail sur l'eau. Les deux sexes se sont partagé ce travail selon leurs forces. L'homme a le navire, la femme
a la barque ; l'homme a la mer, la femme a la baie ;
l'homme va à la pêche et sort du golfe, la femme reste
dans le golfe et « passe » tous ceux qu'une affaire ou un
intérêt amène de Saint-Sébastien. De là les bateleras.

Ces pauvres femmes ont si rarement un passager qu'il
a bien fallu s'entendre. A chaque passant, elles se seraient
dévorées et auraient peut-être dévoré le passant. Elles
se sont fait une limite qu'elles ne franchissent pas, et
une charte qu'elles ne violent pas. C'est un pays extraordinaire.

Dès que la marée monte, elles amènent leurs barques
à l'endroit où la route s'inonde, et se tiennent là dans
les rochers, filant leur quenouille, attendant.

Chaque fois qu'un étranger se présente, elles courent
à la limite qu'elles se sont fixée, et chacune tâche d'appeler sur elle le choix de l'arrivant. L'étranger choisit.
Son choix fait, toutes se taisent. L'étranger qui a choisi
est sacré. On le laisse à celle qui l'a. Le passage ne
coûte pas cher. Les pauvres donnent un sou, les bourgeois un real, les seigneurs une media-peseta, les empe-
reurs, les princes et les poètes une peseta.

Cependant la barque avait touché le débarcadère.
J'étais tellement ébloui du lieu que j'ai jeté en hâte
une peseta à Manuela, et que j'ai sauté sur le rivage,
oubliant tout ce que m'avait dit l'espagnol et l'espagnol
lui-même, qui a dû, j'y songe maintenant, me regarder
partir d'un air fort ébahi.

Une fois à terre, j'ai pris la première rue qui s'est
présentée ; procédé excellent et qui vous mène toujours
où vous voulez aller, surtout dans les villes qui, comme
Pasages, n'ont qu'une rue.

J'ai parcouru cette rue unique dans toute sa longueur.
Elle se compose de la montagne, à droite, et à gauche
de l'arrière-façade de toutes les maisons qui ont leur
devanture sur le golfe.

Ici, nouvelle surprise. Rien n'est plus riant et plus
frais que le Passage vu du côté de l'eau, rien n'est
plus sévère et plus sombre que le Passage vu du côté
de la montagne.

Ces maisons si coquettes, si gaies, si blanches, si
lumineuses sur la mer, n'offrent plus, vues de cette rue
étroite, tortueuse et dallée comme une voie romaine,
que de hautes murailles d'un granit noirâtre, percées
de quelques rares fenêtres carrées, imprégnées des
émanations humides du rocher, morne rangée d'édifices
étranges, sur lesquels se profilent, sculptés en ronde-
bosse, d'énormes blasons portés par des lions ou des
hercules et coiffés de morions gigantesques. Par devant
ce sont des chalets ; par derrière ce sont des citadelles.

Je me faisais mille questions. Qu'est-ce que ce lieu
extraordinaire ? Que peut signifier une rue écussonnée
d'un bout à l'autre ? On ne voit de ces rues-là que dans
les villes de chevaliers comme Rhodes et Malte. D'ordinaire les armoiries ne se coudoient pas. Elles veulent
l'isolement ; elles ont besoin d'espace comme tout ce

qui est grand. Il faut tout un donjon à un blason comme
toute une montagne à un aigle. Quel sens peut avoir
un village armorié ? Cabanes par devant, palais par derrière, qu'est-ce que cela veut dire ? Quand vous arrivez
par la mer, votre poitrine se dilate, vous croyez voir
une bucolique ; vous vous écriez : Oh ! la douce et can-
dide et naïve peuplade de pêcheurs ! Vous entrez, vous
êtes chez des hidalgos ; vous respirez l'air de l'Inquisition ; vous voyez se dresser à l'autre bout de la rue le
spectre livide de Philippe II.

Chez qui est-on quand on est à Pasages ? Est-on chez
des paysans ? est-on chez des grands seigneurs ? Est-on
en Suisse ou en Castille ? N'est-ce pas un endroit unique
au monde que ce petit coin de l'Espagne où l'histoire
et la nature se rencontrent et construisent chacune un
côté de la même ville ; la nature avec ce qu'elle a de
plus gracieux, l'histoire avec ce qu'elle a de plus sinistre ?

Il y a trois églises à Pasages, deux noires et une
blanche.

La principale, qui est noire, est d'un caractère sur-
prenant. A l'extérieur, c'est un bloc de pierres ; à l'intérieur, c'est la nudité d'un sarcophage. Seulement, sur
ces murailles moroses que ne relève aucune sculpture,
que n'égaye aucune fresque, que ne traverse aucun vi-
trail, vous voyez tout à coup reluire et resplendir un
autel, qui est à lui seul toute une cathédrale.

C'est une immense boiserie appliquée au mur, ciselée,
peinte, menuisée, ouvrée, dorée, avec des statues, des
statuettes, des colonnes torses, des rinceaux, des arabesques, des volutes, des reliques, des roses, des cires,
des saints, des saintes, du clinquant, des passequilles.
Cela part du pavé, et cela ne s'arrête qu'à la voûte.
Nulle transition entre la nudité du mur et la parure de
l'autel. C'est une magnifique architecture vermeille et
fleurie qui végète, on ne sait comment, dans l'ombre de
cette cave de granit, et qui, au moment où l'on s'y attend le moins, fait dans les coins obscurs des broussailles d'or et des pierreries.

Il y a quatre ou cinq de ces autels dans l'église de
Pasages. Cette mode est, du reste, propre à toutes les
églises de la province ; mais c'est à Pasages qu'elle produit son contraste le plus singulier.

La première chose qui m'a frappé en entrant dans
l'église, c'est une tête sculptée dans une muraille qui
fait face au portail. Cette tête est peinte en noir, avec
des yeux blancs, des dents blanches et des lèvres rouges,
et regarde l'église d'un air de stupeur. Comme je considérais cette sculpture mystérieuse, el señor cura a
passé ; il s'est approché de moi ; je lui ai demandé s'il
savait ce que signifiait ce masque de nègre devant le
seuil de son église. Il ne le sait pas, et, m'a-t-il dit, personne dans le pays ne l'a jamais su.

Au bout de deux heures, ayant tout vu ou du moins
tout effleuré, je me suis rembarqué. Manuela m'attendait. Car c'était fini, elle avait pris possession de moi,
je lui appartenais, j'étais sa chose.

Comme j'enjambais le rebord du bateau, quelqu'un m'a saisi le bras; je me suis retourné. C'était le digne homme avec lequel j'avais passé, le matin, le bras de mer, et dont j'ai oublié de vous faire le portrait; je répare mon oubli. Chapeau râpé à haute forme et à bords étroits, redingote bleue usée aux coutures, boutonnée de deux boutons l'un, grosse chaîne de montre avec clef de cornaline, figure de juif sans le sou qui prête son nom pour des opérations douteuses. Voici maintenant notre dialogue sur le bord du bateau.

Figurez-vous-le dans le castillan le plus rapide que vous pouvez imaginer :

— Eh bien, seigneur français?

— Eh bien?

— Qu'en dites-vous?

— De quoi?

— L'avez-vous vue?

— Quoi?

— L'avez-vous mesurée?

— Quoi?

— N'est-ce pas la plus longue de la province?

— De quelle province et qu'est-ce qui est long?

— Pardieu! la corderie.

— Quelle corderie?

— La corderie que vous venez de voir! La corderie d'ici, donc!

— Il y a une corderie ici?

— Ah! le seigneur cavalier français est de belle humeur et veut s'amuser; mais il y sait bien qu'il y a une corderie, puisqu'il a fait deux cents lieues exprès pour la voir.

— Moi? pas du tout.

— N'est-ce pas que c'est beau? tiré au cordeau? long? magnifique? droit comme un I?

— Je n'en sais rien.

— Ah çà! reprit l'homme en me regardant entre les deux yeux, sérieusement, cavalier, vous ne l'avez donc pas vue?

— Quoi?

— La corderie?

— Apprenez, seigneur, répliquai-je avec majesté, que je hais particulièrement les choses longues, magnifiques et tirées au cordeau, et que je ferais deux cents lieues pour ne pas voir une corderie.

Je dis ces paroles mémorables d'une façon si solennelle et avec un accent si profond que mon homme en recula. Il me regarda d'un air effaré; et, tandis que la barque s'éloignait du bord, je l'entendis qui disait aux bateleras restées sur l'escalier, en me désignant d'un haussement d'épaules : Un loco. Un fou.

De retour à Saint-Sébastien, j'ai annoncé dans mon auberge que j'irais le lendemain m'installer à Pasages. Ceci a causé un effroi général.

— Qu'allez-vous faire là, monsieur? Mais c'est un trou. Un désert. Un pays de sauvages. Mais vous n'y trouverez pas d'auberge!

— Je me logerai dans la première maison venue.

On trouve toujours une maison, une chambre, un lit.

— Mais il n'y a pas de toit aux maisons, pas de porte aux chambres, pas de matelas aux lits.

— Cela doit être curieux.

— Mais que mangerez-vous?

— Ce qu'il y aura.

— Il n'y aura que du pain moisi, du cidre gâté, de l'huile rance et du vin de peau de bouc.

— J'essayerai de cet ordinaire.

— Comment, monsieur, vous êtes décidé?

— Décidé.

— Vous faites ce que personne n'oserait faire ici.

— En vérité? cela me tente.

— Aller coucher à Pasages, cela ne s'est jamais vu!

Et l'on faisait presque des signes de croix.

Je n'ai voulu rien entendre, et le lendemain, à l'heure de la marée, je suis parti pour Pasages.

Maintenant voulez-vous connaître le résultat? Voici où m'a mené mon imprudence.

Je commence par vous dire ce que j'ai sous les yeux au moment où je vous écris.

Je suis sur un long balcon qui donne sur la mer. Je suis accoudé à une table carrée recouverte d'un tapis vert. J'ai à ma droite une porte-fenêtre qui s'ouvre dans ma chambre, car j'ai une chambre, et cette chambre a une porte. A ma gauche j'ai la baie. Sous mon balcon sont amarrés deux navires, dont un vieux, dans lequel travaille un matelot bayonnais qui chante du matin au soir. Devant moi, à deux encâblures, un autre navire tout neuf et très beau qui va partir pour les Indes. Au delà du navire, le groupe de maisons qu'on appelle el otre Pasage, et la triple croupe d'une montagne. Tout autour de la baie, un large demi-cercle de collines dont les ondulations vont se perdre à l'horizon et que dominent les faîtes décharnés du mont Arun.

La baie est égayée par les nacelles des bateleras qui vont et viennent sans cesse, et se hèlent d'un bout à l'autre du golfe avec des cris qui ressemblent au chant du coq. Il fait un temps magnifique et le plus beau soleil du monde. J'entends mon matelot qui fredonne, des enfants qui rient, les batelières qui s'appellent, les laveuses qui frappent le linge sur des pierres selon la mode du pays, les chariots à bœufs qui grincent dans les ravins, les chèvres qui bêlent dans la montagne, les marteaux qui retentissent dans le chantier, les câbles qui se déroulent sur les cabestans, le vent qui souffle, la mer qui monte. Tout ce bruit est une musique, car la joie le remplit.

Si je me penche à mon balcon, je vois à mes pieds une étroite terrasse où l'herbe pousse, un escalier noir qui descend à la mer et dont la marée escalade les degrés, une vieille ancre enfoncée dans la vase, et un groupe de pêcheurs, hommes et femmes, dans le flot jusqu'aux genoux, qui tirent leurs filets de l'eau en chantant.

Enfin, si vous voulez que je vous dise tout, là, sous mes yeux, sur la terrasse et l'escalier, des constellations de crabes exécutent avec une lenteur solennelle toutes les danses mystérieuses que rêvait Platon.

Le ciel a toutes les nuances du bleu depuis la turquoise jusqu'au saphir, et la baie toutes les nuances du vert depuis l'émeraude jusqu'à la chrysoprase.

Aucune grâce ne manque à cette baie ; quand je regarde l'horizon qui l'enferme, c'est un lac ; quand je regarde la marée qui monte, c'est la mer.

Qu'en dites-vous ? Et à ce sujet, — j'y songe et vous me le rappelez dans votre lettre, — depuis trois semaines que je voyage, j'ai été infidèle à ma manie de vous envoyer le paysage de ma fenêtre. Je répare tout de suite cet oubli. A Bordeaux, ma fenêtre donnait sur un grand mur ; à Bayonne, sur une rue plantée d'arbres ; à Saint-Sébastien, sur une vieille femme qui tuait ses puces. Vous voilà satisfait. Je reviens en hâte à Pasages.

La maison que j'habite est à la fois une des plus solennelles qui regardent la rue, et une des plus gaies qui regardent le golfe. Au-dessus du toit, je vois dans les rochers des escaliers qui grimpent à travers des touffes de verdure jusqu'à la vieille église blanche, laquelle semble une génisse de plus agitant sa cloche à son cou dans la montagne. Car, dans les églises du Guipuzcoa, on voit à nu la cloche suspendue au bord du toit de l'église sous une espèce d'arcade qui ressemble à un collier.

La maison où je suis a deux étages et deux entrées. Elle est curieuse et rare entre toutes, et porte au plus haut degré le double caractère si original des maisons de Pasages. C'est le monumental rapiécé avec le rustique. C'est une cabane mêlée et soudée à un palais.

La première entrée est un portail à colonnes du temps de Philippe II, sculpté par les ravissants artistes de la renaissance, mutilé par le temps et les enfants qui jouent, rongé par les pluies, la lune et le vent de mer. Vous savez que le grès fruste se ruine admirablement. Ce portail est d'une belle couleur chamois. L'écusson reste, mais les années ont effacé le blason.

Vous poussez la petite porte à droite du portail, et vous trouvez un escalier en poutres et en planches, poutres et planches noires comme le charbon, rudement taillées, à peine équarries. En haut de l'escalier, dont les marches séculaires offrent de larges brèches, une lourde porte de forteresse, au centre de laquelle s'ouvre une étroite lucarne grillée, grince sur ses gonds de fer massif et vous introduit dans le logis.

L'antichambre est un corridor blanchi à la chaux, tapissé d'énormes toiles d'araignée, car je ne veux rien vous dissimuler, éclairé d'une fenêtre sur la rue. Vis-à-vis de cette fenêtre, l'escarpement du mont dresse à perte de vue son mur gigantesque.

Le corridor, qui aboutit à l'escalier du second étage, est percé de deux portes ; l'une à droite mène à la cuisine, où l'on monte par deux marches de bois massif ; l'autre à gauche s'ouvre sur une grande salle flanquée aux quatre coins de quatre petites chambres, laquelle compose à elle seule, avec ces quatre cabinets et la cuisine, le premier étage de la maison. Deux de ces cabinets sont obscurs et n'ont d'autre ouverture que leur porte sur la salle. On y couche pourtant. Les deux autres chambres sont, comme la salle, de plain-pied avec le balcon auquel elles communiquent par des portes-fenêtres peintes en vert, garnies de petites vitres à volets. Chaque chambre a une de ces portes-fenêtres. La grande salle en a deux entre lesquelles s'ouvre une jolie croisée presque carrée.

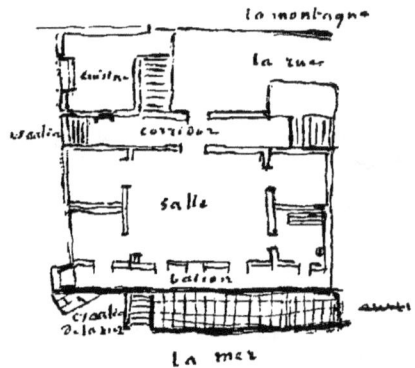

Les intérieurs sont blancs d'un lait de chaux comme la façade sur le lac ; les parquets, noirs et pourris comme l'escalier, ressemblent au tablier de bois d'un pont rustique ; les portes ressemblent aux parquets. Une table ronde, quelques bahuts, quelques chaises de paille, voilà l'ameublement de la grande salle. Un blason, peu héraldique d'ailleurs, est grossièrement peint au-dessus de la porte du milieu. Pas de cheminées. Le climat s'en passe. Les murs sont de pierre et d'une épaisseur de donjon.

J'occupe la chambre sur le balcon à l'angle de la salle à gauche. Les autres cabinets sont les cellules des divers habitants de la maison, desquels je vous parlerai tout à l'heure.

Le second étage est pareil au premier. Une chambre à coucher occupe la place de la cuisine. Le balcon du deuxième étage abrite le balcon du premier et est lui-même protégé par le large rebord du toit qu'égayent de charmantes solives contournées et ciselées. Les balcons sont carrelés en briques rouges et peints en vert.

Mais il semble que tout cela va s'effondrer. Les murs ont des lézardes qui laissent voir le paysage ; les briques du balcon d'en haut laissent voir le balcon d'en bas ; les planchers des chambres plient sous le pied.

L'escalier qui mène du premier au second est des plus étranges.

Tout l'escalier branlait du haut jusques en bas,

dit Régnier de je ne sais plus quel logis. Cet escalier est tout ensemble branlant et massif. Ce sont de gros madriers, de grosses planches, de gros clous, ajustés et assemblés d'une façon sauvage il y a trois cents ans, qui tremblent de vieillesse et ont pourtant quelque chose de robuste et de redoutable. Cela menace dans la double acception du mot. Aucune lucarne, si ce n'est un rayon oblique d'en haut. Les marches, raccommodées à la serpe avec des planches posées de travers et comme jetées au hasard, semblent des pièges à loups. C'est à la fois croulant et formidable. D'immenses araignées vont et viennent dans cet enchevêtrement ténébreux. Une porte de chêne épaisse de quatre pouces, garnie d'armatures solides quoique rongées de rouille, ferme cet escalier et isole au besoin le deuxième étage du premier. Toujours la forteresse dans la cabane.

Que dites-vous de cet ensemble? Cela est triste? repoussant? terrible? Eh bien non, cela est charmant.

D'abord, rien n'est plus inattendu. C'est là une maison comme on n'en voit nulle part. Au moment où vous vous croyez dans une masure, une sculpture, une fresque, un ornement inutile et exquis vous avertit que vous êtes dans un palais; vous vous extasiez sur ce détail qui est un luxe et une grâce, le cri rauque d'un verrou vous fait songer que vous habitez une prison; vous allez à la fenêtre, voici le balcon, voici le lac, vous êtes dans un chalet de Zug ou de Lucerne.

Et puis un jour éclatant pénètre et remplit cette singulière demeure; la distribution en est gaie, commode et originale; l'air salé de la mer l'assaillit; le pur soleil de midi la sèche, la chauffe et la vivifie. Tout devient joyeux dans cette lumière joyeuse.

Partout ailleurs la poussière est de la malpropreté, Ici la poussière n'est que de la vétusté. La poussière d'hier est odieuse; la cendre de trois siècles est vénérable. Que vous dirai-je enfin? dans ce pays de pêcheurs et de chasseurs, l'araignée qui chasse et qui tend ses filets a droit de bourgeoisie, elle est chez elle. Bref, j'accepte ce logis tel qu'il est.

Seulement je fais balayer ma chambre, et j'ai donné congé aux araignées qui l'occupaient avant moi.

Ce qui complète la physionomie étrange de cette maison, c'est que je n'y ai pas vu d'homme. Quatre femmes et un enfant l'habitent; la maîtresse du logis, ses deux filles, sa servante Iñacia, belle fille basque aux pieds nus, et son petit-fils, joli marmot de dix-huit mois.

L'hôtesse, madame Basquetz, est une excellente femme aux yeux spirituels, avenante, cordiale et gaie,

qui est un peu française d'origine, tout à fait française de cœur, et qui parle très bien français. Ses deux filles ne parlent qu'espagnol et basque.

L'aînée est une jeune femme malade, douce et pensive. La cadette s'appelle Pepa comme toutes les espagnoles. Elle a vingt ans, la taille svelte, le corsage souple, la main bien faite, le pied petit, chose rare en Guipuzcoa, les yeux noirs et grands, les cheveux superbes. Elle s'accoude le soir sur le balcon dans une attitude triste, et elle se retourne, si sa mère l'appelle, avec une vivacité joyeuse. Elle est à cet âge où l'insouciance de la jeune fille commence à disparaître, insensiblement voilée sous la mélancolie de la femme.

L'enfant, qui rampe dans l'escalier d'un étage à l'autre, va et vient tout le jour, rit, remplit la maison, et la réchauffe avec son innocence, sa grâce et sa naïveté. Un enfant dans une maison, c'est un poêle de gaîté.

Comme il couche près de ma chambre, le soir je l'entends qui murmure doucement pendant que les quatre femmes l'endorment avec une chanson.

Je vous ai dit que la maison avait une autre entrée. C'est un escalier sans rampe, formé de grosses pierres de taille, qui monte de la rue à la cuisine et va de là rejoindre d'autres escaliers de pierre qui s'en vont dans la montagne à travers les feuillages.

La maison est posée en travers sur la rue comme le château de Chenonceaux sur le Cher, et la rue passe dessous au moyen d'une espèce d'arche de pont longue, étroite, voûtée et obscure qu'une lanterne éclaire la nuit et où brûle dans une niche, à côté d'un soupirail fermé d'une grille du quinzième siècle, une cire bénie, recommandée aux pauvres matelots qui passent par l'inscription que voici :

VNA LIMOSNA PARA
ALVMBRAR AL S.^{to} C.^{to}
D. BVEN BIAJE.
AÑO 1756

« Une aumône pour éclairer le Saint-Christ du Bon voyage. — An 1756. »

Maintenant vous connaissez la maison, vous connaissez les habitants, je vous ai dit où est ma chambre, mais je ne vous ai pas dit ce qu'elle est.

Figurez-vous quatre murs blancs, deux chaises de paille, une cuvette sur trépied, un chapeau d'enfant orné de plumes et de verroteries suspendu à un clou, une tablette portant quelques pots de pommade et trois volumes dépareillés de Jean-Jacques Rousseau, un lit à baldaquin antique de fort belle perse, avec deux matelas durs comme marbre et un chef de bois peint le plus joli du monde, un miroir penché à encadrement exquis accroché au mur, et une porte de cave qui ne ferme pas. Voilà ma chambre. Ajoutez-y la porte-fenêtre dont je vous ai déjà parlé et une table qui est sur le balcon. De mon lit je vois la mer et la montagne.

Vous voyez que, malgré les prédictions sinistres des gens civilisés de Saint-Sébastien, j'ai réussi à me loger chez les hurons de Pasages.

Ai-je réussi à y vivre? Jugez-en.

Sur ma table à tapis vert qui ne quitte pas le balcon, la gracieuse Pepa, qui s'éveille avec l'aube, vient, vers dix heures, poser une serviette blanche; puis elle m'apporte des huîtres détachées le matin même des rochers de la baie, deux côtelettes d'agneau, une loubine frite qui est un délicieux poisson, des œufs sur le plat sucrés, une crème au chocolat, des poires et des pêches, une tasse de fort bon café et un verre de vin de Malaga. Je bois d'ailleurs du cidre, ne pouvant me faire au vin de peau de bouc. Ceci est mon déjeuner.

Voici mon dîner, qui a lieu le soir vers sept heures, quand je suis revenu de mes courses dans la baie ou sur la côte. Une excellente soupe, le puchero avec le lard et les pois chiches sans le safran et les piments, des tranches de merluches frites dans l'huile, un poulet rôti, une salade de cresson cueilli dans le ruisseau du lavoir, des petits pois aux œufs durs, un gâteau de maïs au lait et à la fleur d'oranger, des brugnons, des fraises et un verre de vin de Malaga.

Pendant que Pepita me sert, allant et venant autour de moi, toutes ces choses qui sollicitent mon appétit de montagnard, le soleil se couche, la lune se lève, un bateau pêcheur sort de la baie, tous les spectacles de l'océan et des montagnes se déploient devant moi mariés à tous les spectacles du ciel. Je parle basque et espagnol à Pepita. Je lui conte des histoires de sorciers que j'invente incroyables et auxquelles j'ai l'air de croire, elle rit et tâche de me dissuader, j'entends chanter au loin les batelières, et je ne m'aperçois pas que la porcelaine est en faïence et l'argenterie en étain.

Tout cela me coûte cinq francs par jour.

A Saint-Sébastien, on me croit probablement mort de faim et dévoré par les sauvages.

Du reste, rien ne m'a été plus facile que de m'installer ici. J'ai demandé à Manuela si elle connaîtrait à Pasages une maison où je pusse me loger pendant quelques jours. La fantaisie a d'abord un peu surpris Manuela; mais j'ai insisté et elle m'a conduit où je suis. La digne madame Basquetz m'a accueilli avec un sourire; je lui ai donné le prix qu'elle m'a demandé. C'est fort simple, comme vous voyez.

La baie du Passage, abritée de toutes parts et de tous les vents, pourrait faire un port magnifique. Napoléon l'avait pensé, et, comme il était bon ingénieur, il avait lui-même crayonné un plan des travaux à faire. Le bassin a plusieurs lieues de tour, et le goulet qui mène à la mer est tellement étroit qu'il ne peut y passer qu'un seul bâtiment à la fois. Ce goulet, resserré entre deux hautes croupes de rochers, est lui-même partagé en trois petits bassins que séparent des étranglements faciles à fortifier et à défendre.

Au seizième siècle, la compagnie de Caracas, réunie depuis à celle des Philippines, avait son entrepôt et ses magasins à Pasages. Elle avait fait construire, pour protéger la baie, la belle tour qui en est aujourd'hui l'ornement. Cette tour a été démantelée il y a quelques années par les carlistes.

Les carlistes, soit dit en passant, ont laissé de tristes traces à Pasages. Ils ont démoli et brûlé plusieurs maisons. Celle où je demeure n'a été que pillée. — Grand bonheur! me disait mon hôtesse en joignant les mains.

Les anglais aussi ont occupé Pasages à diverses époques, et tout récemment encore.

Ils avaient bâti sur les points élevés de la côte quelques forts, aujourd'hui détruits. Ceux-là ont été brûlés par les habitants. Et, s'il faut tout dire, ces incendies ont été des feux de joie. Les anglais ne sont pas aimés dans le Guipuzcoa. Le débarquement de lord Wellington avec les portugais en 1813 est pour les basques un sinistre souvenir. Les cœurs de ces montagnards ont comme ces montagnes de longs et profonds échos, et le bombardement de Saint-Sébastien y retentit encore.

Les anglais n'ont laissé dans la ville de Pasages d'autres vestiges que les deux syllabes OLD. COLD. qui faisaient partie de quelque enseigne de marchand et qui sont encore visibles, à côté du portrait de Philippe II, sur le mur de la maison que j'habite.

Maintenant le port de Pasages est à peu près désert. Les bateaux pêcheurs seuls y séjournent. Des armateurs bayonnais y font construire, sous les noms espagnols qu'on leur prête à Bilbao ou à Santander, des navires destinés au commerce de l'Espagne et qui ne jouiraient pas des franchises s'ils n'étaient pas bâtis en Espagne. Pasages sert à cela. Et voilà pourquoi on y a établi, en 1842 je crois, la grande corderie qui est dans le chantier, et que j'avais tant dédaignée. Cette corderie est un long boyau et une belle corderie. J'ai fini par la visiter. Vous voyez que je me civilise.

Le port n'est plus protégé militairement que par un petit castillo installé sur un rocher à mi-côte, à l'entrée de la seconde articulation de la gorge. Cette forteresse est défendue par d'innombrables puces et aussi par quelques soldats.

Pasages, du reste, se garderait presque tout seul. La nature l'a admirablement fortifié. L'entrée du port est redoutable. Tous les ans quelque bâtiment s'y

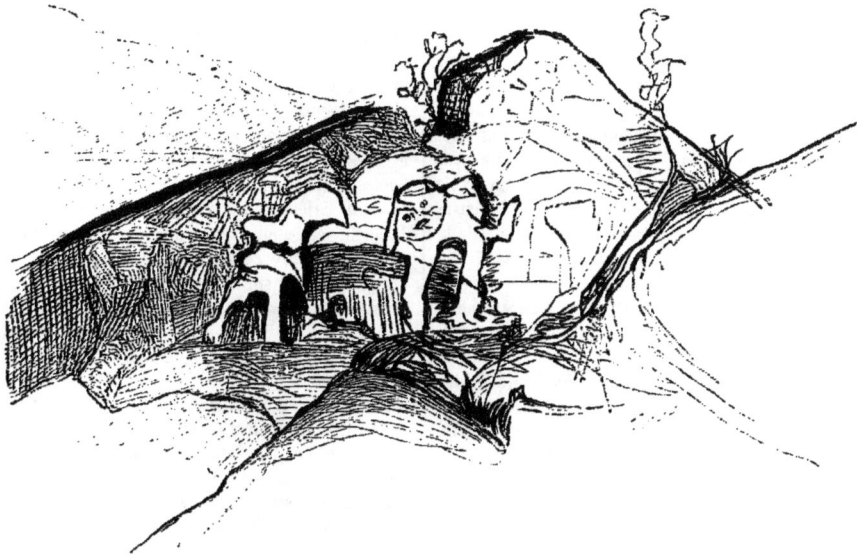

perd. L'an dernier, un navire chargé de planches pour une cinquantaine de mille francs, cherchant à s'y réfugier par un gros temps, fut pris en travers au moment où il entrait dans le second bassin du détroit, et jeté par une lame sur le rocher à plus de soixante pieds au-dessus de la mer. Il ne retomba pas. Les angles du rocher le saisirent et s'y enfoncèrent de toutes parts. Une croix de fer qui tremble au vent marque aujourd'hui l'endroit où ce grand navire resta cloué.

Voulez-vous savoir à présent la vie que je mène ici? Comme je ne ferme pas ma fenêtre et que ma porte ne ferme pas, dès l'aube le soleil qui brille et l'enfant qui jase me réveillent. Je n'ai pas le chant du coq, mais j'ai le cri des bateleras, ce qui revient au même. Si la marée monte, tout en me levant je les vois de mon balcon qui se hâtent vers le fond du golfe. Elles sont toujours deux dans un bateau, un peu à cause de la pesanteur du bateau, beaucoup à cause de la jalousie des maris et des amants. Cela fait des couples, et chaque couple a son nom; la Catalana y su madre, Maria Juana et Maria Andres, Pepa et Pepita, les compañeras et les evaristas. Les evaristas sont très jolies; les officiers de la garnison de Saint-Sébastien se font volontiers promener par elles, mais elles sont sages, elles promènent en effet les officiers. Elles ont toujours un bouquet sur leur chapeau ciré, et, quand elles se penchent sur l'aviron, leur courte jupe de drap noir à gros plis laisse voir leur jambe bien faite et bien chaussée. Elles sont du petit nombre de celles qui ont des bas : c'est l'aristocratie des batelières.

Pepa et Pepita, les deux sœurs, sont peut-être encore plus jolies que les evaristas.

Rien n'est vif et pur comme cette baie le matin. J'entends sonner derrière moi les cloches des trois églises; le soleil marque les rides de la vieille tour. Chaque barque fait son sillage dans le golfe et semble traîner après soi un long sapin d'argent avec toutes ses branches.

Avant déjeuner je fais un tour dans le village, ou la ville, comme vous voudrez, car je ne sais quel nom donner à ce lieu à part. J'y découvre toujours quelque chose que je n'avais pas vu la veille. Ce sont des hangars pratiqués dans les rochers qui percent la rue et se font jour entre les maisons; dans ces hangars est la provision de bois, souches d'arbres hérissées comme des châtaignes, déchirures de bateaux, carcasses de navires. C'est une femme qui file devant la porte; le fil part de sa main et remonte jusqu'au toit de la maison, d'où il retombe, portant à son extrémité le fuseau qui pend devant la fileuse. Ce sont des persiennes orientales à des fenêtres gothiques, et de frais visages derrière ces mailles serrées de bois noir. Ce sont de belles petites filles, jambes nues et déjà bronzées par le climat, qui dansent et qui chantent :

> Gentil muchacha,
> Toma la derecha.
> Hombre de nada,
> Toma la izquierda.

ce que je traduirais volontiers ainsi, plutôt selon l'esprit que selon la lettre :

> Fille adroite,
> Prends la droite.
> Homme gauche,
> Prends la gauche.

A Pasages, on travaille, on danse et on chante. Quelques-uns travaillent, beaucoup dansent, tous chantent.

Comme dans tous les lieux primitifs et rustiques, il n'y a à Pasages que des jeunes filles et des vieilles femmes, c'est-à-dire des fleurs et... ma foi, cherchez l'autre mot dans Ronsard. La femme proprement dite, cette rose magnifique qui s'épanouit de vingt-cinq à quarante ans, est un produit exquis et rare de la civilisation extrême, de la civilisation élégante, et n'existe que dans les villes. Pour faire la femme il faut de la culture; il faut, passez-moi l'expression, ce jardinage que nous nommons l'esprit de société.

Où l'esprit de société n'est pas, vous n'aurez pas la femme. Vous aurez Agnès, vous aurez Gertrude; vous n'aurez pas Elmire.

A Pasages il y a toujours des filles qui lavent et des linges qui sèchent; les filles lavent dans les ruisseaux, les linges sèchent sur les balcons. Cela égaie l'oreille et les yeux.

Ces balcons sont les plus curieuses choses du monde à regarder et à étudier. Vous ne pouvez vous figurer tout ce qu'il y a. outre les linges séchant en plein air, sur un balcon de Pasages.

La balustrade elle-même, qui est presque toujours ancienne, c'est-à-dire torse ou ciselée, vaut déjà la peine d'être examinée. Puis, au plafond du balcon, — car tout balcon a un plafond qui est le balcon supérieur ou le rebord du toit, — à ce plafond, dis-je, se balancent des lignes, des nasses, des filets, des rouleaux de cordes, des éponges, un perroquet dans une cage de bois, des caisses suspendues pleines d'œillets rouges sous lesquelles s'enchevêtrent des nœuds de corde, petits jardins aériens qui vous font songer à Sémiramis. Au mur, entre les fenêtres, s'accrochent des bouquets d'immortelles liés en croix, des haillons, de vieilles vestes brodées, des drapeaux, des torchons; puis des choses fantastiques dont on ne peut deviner l'utilité et qui sont là pour l'ornement, quatre lattes attachées en carré, un fil de fer en cerceau, un tambour de basque crevé. Quelques dessins charbonnés sur le mur blanchi, les seaux à cercles de fer brillant pour puiser l'eau, et une jeune fille qui rit accoudée à la balustrade, complètent l'ameublement du balcon.

Dans le vieux Pasages, de l'autre côté de la baie, j'ai vu une maison du quinzième siècle dont le balcon, plus fourmillant d'objets et plus encombré qu'une basse-cour de Normandie, est encadré entre deux sévères profils de chevaliers sculptés sur de larges planches de chêne.

Le jour où j'arrivai, comme pour fêter ma bienvenue, un vieux jupon, composé de plusieurs guenilles de toutes couleurs cousues ensemble, flottait comme une bannière à l'un de ces balcons. Ce bariolage éclatant se gonflait au vent avec un orgueil et un faste inexprimables. Je n'ai jamais vu plus magnifique manteau d'arlequin.

A midi, le soleil abat sous tous les toits et sous tous les balcons de larges bandes d'ombre horizontale qui font ressortir la blancheur des façades et qui font que cette ville, si on l'aperçoit de loin se détachant sur le fond vert et sombre des montagnes, semble vivre d'une vie lumineuse et extraordinaire.

La place surtout est éclatante. Car il y a une place à Pasages laquelle, comme toutes les places espagnoles, s'appelle *plaza de la Constitucion*. En dépit de ce nom parlementaire et pluvieux, la place de Pasages étincelle et reluit avec une verve admirable. Cette place n'est autre chose que le prolongement de la rue, élargi et ouvert sur la mer. Quelques-unes des hautes maisons qui l'entourent sont juchées sur de colossales arcades. La maison centrale porte sur sa devanture le blason colorié de la ville. Tous les rez-de-chaussée sont des boutiques.

A de certains dimanches, la ville se paie à elle-même un combat de taureaux, et cette place lui sert d'amphithéâtre, ce qu'indiquent des assemblages de solives plantés dans le pavé le long du parapet. D'ailleurs, place de taureaux ou place de la constitution, rien, je vous le répète, n'est plus allègre, plus curieux, plus divertissant à l'œil.

La vie surabondante qui anime Pasages se résume dans cette place et y atteint son paroxysme. Les bateleras se tiennent à un bout, les majos et les matelots à l'autre; des enfants rampent, grimpent, marchent, chancellent, crient et jouent sur tous les pavés; les façades peintes étalent toutes les couleurs du perroquet, le jaune le plus vif, le vert le plus frais, le rouge le plus vermeil. Les chambres et les boutiques sont des cavernes pleines de clairs-obscurs magiques, où l'on entrevoit parmi les lueurs et les reflets toutes sortes de mobiliers fantasques, des bahuts comme on n'en voit qu'en Espagne, des miroirs comme on n'en voit qu'à Pasages.

De bonnes figures honnêtes et cordiales s'épanouissent sur tous ces seuils.

Je vous parlais tout à l'heure du *Vieux Passage* qu'on appelle aussi *el otro Pasage*. Il y a en effet deux Passages, un jeune et un vieux. Le jeune a trois cents ans. C'est celui que j'habite.

J'ai voulu l'autre matin passer l'eau et voir le vieux. C'est une sorte de Bacharach méridional.

Là, comme au Bacharach du Rhin, « l'étranger est étrange, » des enfants hâves et des vieilles blêmes vous regardent passer avec stupeur.

Une m'a crié comme je m'arrêtais devant sa maison : *Hijo, dibuja eso. Viejas cosas, hermosas cosas* (Fils, dessine ceci. Vieilles choses, belles choses). Le logis en effet était une magnifique masure du treizième siècle, la plus délabrée et la plus croulante qu'on pût voir.

La rue du vieux Pasage est une vraie rue arabe; maisons blanchies, massives, cahotées, à peine percées de quelques trous. S'il n'y avait les toits, on se croirait à Tétuan. Cette rue, où le lierre va d'un côté à l'autre, est pavée de dalles, larges écailles de pierre qui ondulent comme le dos d'un serpent.

L'église gâte cet ensemble. Elle est moderne et rebâtie du dernier siècle. Je me la suis fait ouvrir pour une demi-peseta. Une inscription sur l'orgue en donne la date, qui n'est d'ailleurs que trop écrite dans l'architecture :

MANVEL	MARTIN
CARRERA	ME HIZO
AÑO	1774.

Cette église est maussade ; le vieux Pasage est triste. Rien n'est moins d'accord. La maussaderie est la tristesse de ce qui est petit. Le vieux Pasage a de la grandeur.

Vous voyez, mon ami, que ma promenade du matin n'est pas inoccupée. Cette promenade faite, je rentre, je déjeune, et je m'en vais par les chemins des rochers. Je donne le matin à la ville et le jour à la montagne.

Je monte dans la montagne par des escaliers perpendiculaires, aux marches très hautes et très étroites solidement maçonnées dans l'escarpement et mêlées à la rude végétation du rocher. Quand on est au haut d'un escalier, on en trouve un autre. Ils s'ajoutent ainsi bout à bout et s'en vont vers le ciel, comme ces effrayantes échelles qu'on voit trembler dans les architectures impossibles et mystérieuses de Piranèse. Cependant les échelles de Piranèse s'enfoncent dans l'infini et les escaliers de Pasages ont une fin.

Quand je suis au haut des escaliers, je trouve d'ordinaire une corniche, un sentier de chèvres, une manière de gouttière pratiquée par les torrents et les pluies et qui fait un rebord à la montagne. Je m'en vais par là, au risque de choir sur les toits du village, de tomber par une cheminée dans une marmite, et de m'ajouter comme un ingrédient de plus à quelque ollapodrida.

Les sommets des montagnes sont pour nous des espèces de mondes inconnus. Là végète, fleurit et palpite une nature réfugiée qui vit à part. Là s'accouplent, dans une sorte d'hymen mystérieux, le farouche et le charmant, le sauvage et le paisible. L'homme est loin, la nature est tranquille. Une sorte de confiance, inconnue dans les plaines où la bête entend les pas humains, modifie et apaise l'instinct des animaux. Ce n'est plus la nature effarée et inquiète des campagnes. Le papillon ne s'enfuit pas ; la sauterelle se laisse prendre ; le lézard, qui est aux pierres ce que l'oiseau est aux feuilles, sort de son trou et vous regarde passer. Pas d'autre bruit que le vent, pas d'autre mouvement que l'herbe en bas et le nuage en haut. Sur la montagne l'âme s'élève, le cœur s'assainit ; la pensée prend sa part de cette paix profonde. On croit sentir l'œil de Jéhovah tout près ouvert.

Les montagnes de Pasages ont pour moi deux attraits

particuliers. Le premier, c'est qu'elles touchent à la mer qui à chaque instant fait de leurs vallées des golfes et de leurs croupes des promontoires. Le second, c'est qu'elles sont en grès.

Le grès est assez dédaigné des géologues, qui le classent, je crois, parmi les parasites du règne minéral. Quant à moi, je fais grand cas du grès.

Vous savez, mon ami, que, pour les esprits pensifs, toutes les parties de la nature, même les plus disparates au premier coup d'œil, se rattachent entre elles par une foule d'harmonies secrètes, fils invisibles de la création que le contemplateur aperçoit, qui font du grand tout un inextricable réseau, vivant d'une seule vie, nourri d'une seule sève, un dans la variété, et qui sont, pour ainsi parler, les racines mêmes de l'être. Ainsi, pour moi, il y a une harmonie entre le chêne et le granit, qui éveillent, l'un dans l'ordre végétal, l'autre dans la région minérale, les mêmes idées que le lion et l'aigle entre les animaux, puissance, grandeur, force, excellence.

Il y a une autre harmonie, plus cachée encore, mais pour moi aussi évidente, entre l'orme et le grès.

Le grès est la pierre la plus amusante et la plus étrangement pétrie qu'il y ait. Il est parmi les rochers ce que l'orme est parmi les arbres. Pas d'apparence qu'il ne prenne, pas de caprice qu'il n'ait, pas de rêve qu'il ne réalise ; il a toutes les figures, il fait toutes les grimaces. Il semble animé d'une âme multiple. Pardonnez-moi ce mot à propos de cette chose.

Dans le grand drame du paysage, le grès joue le rôle fantasque ; quelquefois grand et sévère, quelquefois bouffon ; il se penche comme un lutteur, il se pelotonne comme un clown ; il est éponge, pudding, tente, cabane, souche d'arbre ; il apparaît dans un champ parmi l'herbe à fleur de sol par petites bosses fauves et floconneuses et il imite un troupeau de moutons endormi ; il a des visages qui rient, des yeux qui regardent, des mâchoires qui semblent mordre et brouter la fougère ; il saisit les broussailles comme un poing de géant qui sort de terre brusquement. L'antiquité, qui aimait les allégories complètes, aurait dû faire en grès la statue de Protée.

Une plaine semée d'ormes n'est jamais ennuyeuse, une montagne de grès est toujours pleine de surprise et d'intérêt. Toutes les fois que la nature morte semble vivre, elle nous émeut d'une émotion étrange.

C'est le soir surtout, à l'heure inquiétante du crépuscule, que commence à prendre forme cette partie de la création qui se fait fantôme. Sombre et mystérieuse transfiguration.

Avez-vous remarqué, à la tombée de la nuit, sur nos grandes routes des environs de Paris, les profils monstrueux et surnaturels de tous les ormes que le galop de la voiture fait successivement paraître et disparaître devant vous ? Les uns bâillent, les autres se tordent vers le ciel et ouvrent une gueule qui hurle affreusement. Il y en a qui rient d'un rire farouche et hideux, propre aux ténèbres ; le vent les agite ; ils se renversent en arrière avec des contorsions de damnés, ou se penchent les uns vers les autres et se disent tout bas dans leurs vastes oreilles de feuillages des paroles dont vous entendez en passant je ne sais quelles syllabes bizarres. Il y en a qui ont des sourcils démesurés, des nez ridicules, des coiffures ébouriffées, des perruques formidables ; cela n'ôte rien à ce qu'a de redoutable et de lugubre leur réalité fantastique ; ce sont des caricatures, mais ce sont des spectres ; quelques-uns sont grotesques, tous sont terribles. Le rêveur croit voir se ranger au bord de la route en files menaçantes et difformes et se pencher sur son passage les larves inconnues et possibles de la nuit.

On est tenté de se demander si ce ne sont pas là les êtres mystérieux qui ont pour milieu l'obscurité, et qui se composent d'ombre comme le crocodile se compose de pierre, comme le colibri se compose d'air et de soleil.

Tous les penseurs sont rêveurs ; la rêverie est la pensée à l'état fluide et flottant. Il n'est pas un grand esprit que n'aient obsédé, charmé, effrayé, ou au moins étonné, les visions qui sortent de la nature. Quelques-uns en ont parlé et ont, pour ainsi dire, déposé dans leurs œuvres, pour y vivre à jamais de la vie immortelle de leur style et de leur pensée, les formes extraordinaires et fugitives, les choses sans nom qu'ils avaient entrevues « dans l'obscur de la nuit ». *Visa sub obscurum noctis.* Cicéron les nomme *imagines*, Cassius *spectra*, Quintilien *figuræ*. Lucrèce *effigies*, Virgile *simulacra*, Charlemagne *masca**. Dans Shakespeare, Hamlet en

* Stryga vel masca.

parle à Horatio. Gassendi s'en préoccupait, et Lagrange y rêvait après avoir traduit Lucrèce et médité Gassendi.

Je pense avec vous tout haut, mon ami. Une idée me mène à l'autre. Je me laisse aller. Vous êtes bon et sympathique et indulgent. Vous êtes accoutumé à mon allure et vous me laissez penser la bride sur le cou. Me voici pourtant assez loin du grès, en apparence du moins. J'y reviens.

Les aspects que présente le grès, les copies singulières qu'il fait de mille choses ont cela de particulier que la clarté du jour ne les dissipe pas et ne les fait pas évanouir. Ici, à Pasages, la montagne, sculptée et travaillée par les pluies, la mer et le vent, est peuplée par le grès d'une foule d'habitants de pierre, muets, immobiles, éternels, presque effrayants. C'est un ermite encapuchonné, assis à l'entrée de la baie, au sommet d'un roc inaccessible, les bras étendus, qui, selon que le ciel est bleu ou orageux, semble bénir la mer ou avertir les matelots. Ce sont des nains à becs d'oiseau, des monstres à forme humaine et à deux têtes dont l'une rit et l'autre pleure, tout près du ciel, sur un plateau désert, dans la nuée, là où rien ne fait rire et où rien ne fait pleurer. Ce sont des membres de géant, *disjecti membra gigantis* ; ici le genou, là le torse et l'omoplate, la tête plus loin. C'est une idole ventrue, à mufle de bœuf avec des colliers au cou et deux paires de gros bras courts, derrière laquelle de grandes broussailles s'agitent comme des chasse-mouches. C'est un crapaud gigantesque accroupi au sommet d'une haute colline, marbré par les lichens de taches jaunes et livides, qui ouvre une bouche horrible et semble souffler la tempête sur l'océan.

IX

AUTOUR DE PASAGES

PROMENADES DANS LA MONTAGNE. — ÉCRIT EN MARCHANT.

I

3 août. — 3 heures après midi.

En me promenant dans la rade, j'ai aperçu une espèce de ruine au haut d'une montagne. Cette ruine n'a en aucune façon le profil d'une ruine ancienne. C'est une démolition moderne et probablement récente. Les anglais pendant leur séjour à Pasages, les carlistes et les cristinos pendant la dernière guerre, ont bâti des forts sur les hauteurs; c'est sans doute un de ces forts qu'on aura jeté bas depuis. Je vais le visiter...

Je gravis la montagne. Il y a apparemment un sentier, mais je ne le connais pas. Je vais à l'aventure à travers les genêts. L'ascension est longue, presque à pic, assez pénible. A mi-côte, je m'assieds dans les grès...

L'horizon s'est élevé, la mer apparaît là-bas. Les grelots des chèvres qui broutent dans le précipice viennent jusqu'à moi. Je vois près de mon pied un beau bupreste vert semé de taches d'or...

Je reprends l'escalade du mont. Le sommet se courbe et s'arrondit; elle devient plus facile.

J'arrive à la ruine. Une cheminée de pierre, noire de fumée, se dresse au-dessus de la muraille.

Immense tas de pierres de taille démolies. Fossé plein de gravats. J'escalade les pierres. — Elles sont mêlées de tuiles et de briques cassées. — Je suis sur le plateau.

Voie à rouler les canons, dallée, toute neuve et qu'on dirait faite d'hier.

L'herbe croît pourtant dans les intervalles des dalles.

J'entre dans la première masure. — Chambre carrée en pierre. — Gros mur épais. — Trois meurtrières sur la maison de passage. — Au milieu une énorme che-

minée en pierre et en brique, celle dont j'apercevais le
tuyau, toute démolie, d'un aspect étrange. — Plusieurs
compartiments en briques, cubiques et circulaires ;
probablement un four à rougir les boulets. L'intérieur
n'est qu'un amas de décombres. Aucun bruit humain
ne parvient ici. On n'entend que le vent et la mer. Il
commence à pleuvoir. Les pierres roulent sous mes
pieds. Je sors avec peine.

Deuxième chambre carrée d'environ dix pieds dans
tous les sens ; pareille à la première. Trois meurtrières
sur le village. Une fenêtre sur la mer. Une poutre dans
une embrasure ; elle est pourrie ; j'en prends un morceau. Deux autres petites chambres sans fenêtre ; l'une
toute noircie de fumée. J'en fais le plan, accoudé sur
le haut du mur. Bois brûlé mêlé aux débris. Les trois
chambres n'ont plus de toit ; il n'en reste pas même de
vestiges.

J'entre dans la deuxième masure. Une grande chambre, moins encombrée de ruines, avec une petite cheminée au fond. A côté, une chambre moins grande ;
toutes deux carrées. Tout est arraché, détruit, écroulé.
Des insectes hideux fuient sous les pierres que je soulève du bout de ma canne. La pluie redouble. Le
brouillard couvre la mer et la campagne. Je vais redescendre.

Je me décide à gravir le reste de la ruine. Monceau
de pierres qui a dû être un troisième corps de logis.
Derrière ce monceau, un petit champ cultivé de douze
pieds carrés couvert de tronçons de bois brûlé. Le
fossé borde le champ et entoure les trois masures.
— Il pleut à verse. Une espèce de nuit se forme. La
brume s'épaissit de plus en plus. Tout disparaît autour
de moi. Je ne vois plus q e les masures, la voie dallée
et le plateau. — Je ne pourrai reconnaître mon chemin
et je me perdrai dans les escarpements. — A la grâce
de Dieu !

Un magnifique papillon chassé par la pluie vient se
réfugier devant moi, sur une pierre. Il a moins peur de
moi que de l'orage.

Je redescends au hasard. Il s'est fait une éclaircie.
La pluie diminue, le jour revient.

J'aperçois la petite rade. — Elle est peuplée de
nacelles de pêcheurs à quatre rames qui courent sur
l'eau. De la hauteur où je suis, la rade pleine de nacelles
figure une mare couverte d'araignées d'eau.

II

4 août. — 2 h. 1/2, sur la montagne.

Nature désolée. — Vent violent. — Petite baie étroitement resserrée entre les caps du passage. — La lame
brise avec fureur sur un banc de rochers qui ferme la
baie à moitié et que la marée basse laisse à découvert.

Là-bas, la haute mer est sombre et agitée. Ciel de
plomb. Le soleil et l'ombre errent sur les flots.

Au loin, une trincadoure de Fontarabie lutte, ses
deux voiles au vent, pour entrer dans la baie. Elle met
le cap sur la passe. La vague la secoue violemment
d'avant en arrière ; chaque flot la soulève, puis la pré-
cipite à pic dans le ravin liquide qui s'enfle et enlève
la barque de nouveau. Tout à l'heure, un chevrier me
disait dans la montagne : *Iguraldia gaiztoa*[*]. — Voici
la barque ; elle touche presque les brisants que la mer
couvre d'écume. Les mâts s'inclinent, les voiles fris-
sonnent. Elle passe. Elle a passé. — Une cigale chante
dans l'herbe à côté de moi.

3 heures, sur la pente du précipice.

Rochers décharnés comme des têtes de mort.
Bruyères. Je pique ma canne dans la lande et j'écris
debout. Des fleurs partout, et des sauterelles de mille
couleurs, et les plus beaux papillons du monde. J'entends rire au-dessous de moi, dans l'abîme, des jeunes
filles que je ne vois pas.

L'un des rochers devant moi a un profil humain. Je
le dessine. La joue semble avoir été dévorée, ainsi que
l'œil et l'oreille, et l'on croirait voir à nu l'intérieur du
pavillon de la trompe. Au-devant de ce rocher et au-
dessus, un autre bloc représente un dogue. On dirait
qu'il aboie à la haute mer.

5 heures.

Je suis sur une pointe de rocher à l'extrémité d'un
cap. J'ai tourné autour de la roche en gravissant l'escarpement. Je mettais mes mains et mes pieds pour
grimper dans ces trous étranges dont la roche de ce
rivage est criblée et qui ressemblent à des empreintes
de semelles énormes. Je suis parvenu ainsi jusqu'à une
espèce de console avec dossier qui fait saillie sur
l'abîme. Je m'y assieds ; mes pieds pendent dans le vide.
La mer, rien que la mer. — Magnifique et éternel
spectacle ! Elle blanchit là, en bas, sur des roches noires. L'horizon est brumeux, quoique le soleil me
brûle. Toujours grand vent. — Un goëland passe ma-
jestueusement dans l'abîme à cent toises au-dessous de
mon regard.

Le bruit est continu et grave. De temps en temps, on
entend des éclats soudains, des espèces de chutes
brusques et lointaines, comme si quelque chose s'écroulait ; puis ce sont des rumeurs qui ressemblent à une
multitude de voix humaines ; on croirait entendre une
foule parler.

Une frange d'argent, mince et éclatante, serpente à
perte de vue au bas de la côte. — Derrière moi, un

[*] En basque, mauvais temps.

grand rocher debout figure un aigle immense qui se baisse vers son nid, ses deux griffes posées sur la montagne. Sombre et superbe sculpture de l'océan.

6 heures.

Me voici à la pointe même d'une haute montagne, sur le sommet le plus élevé que j'aie atteint dans la journée. Là encore il m'a fallu escalader avec les mains et les genoux.

Je découvre un immense horizon. Toutes les montagnes jusqu'à Roncevaux. Toute la mer de Bilbao à gauche, toute la mer de Bayonne à droite. J'écris ceci accoudé sur un bloc en forme de crête de coq qui fait l'arête extrême de la montagne. Sur ce rocher, on a gravé profondément avec le pic trois lettres à gauche :

L. R. H.

et deux lettres à droite :

V. H.

Autour de ce rocher, il y a un petit plateau triangulaire couvert de landes desséchées et entouré d'une espèce de fossé fort âpre. J'aperçois pourtant dans une crevasse une jolie petite bruyère rose en fleur. Je la cueille.

7 heures.

Autre castillo beaucoup plus grand que celui d'hier. Mille insectes m'importunent. Je suis dans l'enceinte, après avoir escaladé le fossé. Grand carré de murailles de pierre surmontées d'une muraille de terre, encore debout çà et là, et que l'herbe recouvre. Quatre pâtres basques, en béret et en veste rouge, dorment à l'ombre dans le fossé. Un gros chien blanc dort sur le haut du mur.

Restes de chambres. Dans l'une d'elles, arrachements d'une cheminée encore visibles. Au milieu de la grande enceinte, une plus petite, dont un angle est brûlé et noir de fumée. Derrière cette petite enceinte, une terrasse où conduit un escalier de quatre marches. Un des pâtres s'est réveillé et s'est approché de moi. Je lui ai dit d'un air grave : Jaincoa berorrecrequin*. Il s'éloigne étonné. — Il a été réveiller les autres ; — je les vois par les embrasures qui me regardent d'un air singulier. — Est-ce un air inquiet? est-ce un air menaçant? je ne sais ; peut-être les deux. Je suis sans autre arme que ma canne. Le chien s'est réveillé aussi et gronde.

Un merveilleux tapis de gazon vert, épais comme une fourrure, semé d'un million de pâquerettes ou de

* Dieu avec vous.

camomilles en fleur, emplit toute la ruine jusque dans les derniers recoins.

Je vais monter sur la terrasse...

M'y voici. Je suis assis en haut du mur de briques sèches. Derrière moi la mer, devant moi un cirque de montagnes. A ma gauche, j'aperçois au loin sur une croupe qui touche aux nuages le fort démoli que j'ai visité hier ; à ma droite plus loin encore, le fort Wellington et l'ancienne tour du phare au delà de Saint-Sébastien. Dans un enfoncement, la vallée de Loyola ; dans un autre enfoncement, la vallée de Hernani.

Un des pâtres vient de s'approcher encore de moi ; je l'ai regardé fixement ; il s'est enfui en criant : — Ahuatlacouata! ahuatlacouata !

Je vais redescendre.

En redescendant.

Spectacle qui me rappelle celui que j'ai vu hier. Un petit triangle d'eau serti dans un énorme cercle de montagnes ; dans cette eau quelques pucerons. Cette eau c'est la baie ; ces pucerons ce sont les navires.

III

5 août, midi.

En suivant toujours la route à mi-côte, après avoir passé le castillo, sa guérite et sa sentinelle, je rencontre un lavoir.

Ce lavoir est la plus charmante caverne qu'il y ait. Une roche énorme, qui est une des arêtes vives de la montagne et qui se prolonge assez au-dessus de ma tête, forme là une sorte de grotte naturelle. Cette grotte distille une source dont l'eau tombe abondamment, quoique goutte à goutte, de toutes les fentes de la voûte. On dirait une pluie de perles. L'entrée de la grotte est tapissée d'une végétation si riche et si épaisse que c'est comme un énorme porche de verdure. Toute cette verdure est pleine de fleurs. Au milieu des branches et des feuilles, un long brin d'herbe forme une sorte d'aqueduc microscopique et sert de conduit à un petit filet d'eau qui le parcourt dans toute sa longueur et tombe par son extrémité, en s'arrondissant sur le fond obscur de la grotte, comme un filet d'argent. Une nappe d'eau limpide que resserre un parapet remplit toute la grotte. Les pierres non cimentées donnent issue à l'eau qui s'enfuit dans les cailloux.

Le sentier passe à quelque distance du parapet, dont il est séparé par une large et fraîche pelouse de cresson. On voit l'eau à travers les feuilles et l'on entend murmurer la source sous la verdure. Si l'on se retourne, on aperçoit la baie du Passage et à l'horizon la pleine mer.

Trois jeunes filles, les jambes dans l'eau jusqu'aux genoux, lavent leur linge dans le lavoir. On ne peut pas dire qu'elles le battent, mais qu'elles le frappent. Leur procédé consiste à fouetter violemment, du linge qu'elles tiennent dans la main, la pierre du parapet. L'une est une vieille femme. Les deux autres sont deux jeunes filles. Elles s'arrêtent quelques instants, me regardent, puis se remettent à la besogne.

Après quelques moments de silence : — Monsieur, me dit la vieille en mauvais français, vous venez de la montagne ? Je lui réponds en basque médiocre :

— *Buy, bicho nequesa*[*]. Les jeunes filles se regardent en dessous et se mettent à rire.

L'une est blonde, l'autre est brune. La blonde est la plus jeune et la plus jolie. Ses cheveux nattés en une seule queue par derrière, selon la mode du pays, prennent sur le sommet de la tête une teinte fauve, comme ces tresses de soie qu'on a laissées exposées à l'air et dont la couleur a passé. Du reste, la jeune laveuse est pleine de grâce avec son jupon rouge et son corset bleu, les deux couleurs favorites des basques.

Je m'approche d'elle, et je lie la conversation en espagnol :

— Comment vous appelez-vous ?
— Maria-Juana, pour vous servir, cavalier.
— Quel âge avez-vous ?
— Dix-sept ans.
— Vous êtes de ce pays ?
— Oui, seigneur.
— Fille de bourgeois ?
— Non, seigneur, je suis batellera.
— Batellera ! et vous n'êtes pas à la mer ?
— La marée est basse ; et puis il faut bien laver son linge.

Ici la jeune fille s'enhardit et continue d'elle-même :

— J'étais sur le rivage l'autre jour, cavalier, quand vous êtes arrivé. Je vous ai vu. Vous aviez d'abord pris Pepa pour vous passer ; mais, comme vous étiez avec le seigneur Léon, comme le seigneur était déjà embarqué et que Manuela la catalane est sa batelière, vous avez passé avec Manuela. Cette pauvre Pepa ! Mais vous lui avez donné une piécette. — Te rappelles-tu, dit-elle en se tournant vers sa compagne, te rappelles-tu, Maria Andrès ? le seigneur cavalier avait choisi d'abord Pepa.

— Et pourquoi l'avais-je choisie ?

La jeune fille m'a regardé avec ses grands yeux naïfs et a répondu sans hésiter :

— Parce qu'elle est la plus jolie.

Puis elle s'est remise à frapper son linge. La vieille, qui avait fini sa tâche et qui s'en allait, a dit en passant près de moi :

— La *muchacha* a raison, seigneur.

Et en disant cela, elle a posé sa corbeille à terre et s'est assise sur le rebord du sentier, fixant sur les deux jeunes filles et sur moi ses petits yeux gris, percés comme avec une vrille au milieu des rides.

— Voulez-vous, lui ai-je dit, que je vous aide à remettre ce panier sur votre tête ?

— Mille grâces, cavalier ! personne ne m'a aidée hier, personne ne m'aidera demain ; il vaut mieux que personne ne m'aide aujourd'hui.

— Comment nommez-vous cette herbe en espagnol ? ai-je dit en désignant le cresson du bout de ma canne.

— *Verros*, seigneur.

— Et en basque ?

Elle m'a répondu un mot très long dont je ne me souviens pas assez pour l'écrire.

Je me suis tourné vers les jeunes filles :

— Maria Juana, comment s'appelle votre querido ?

— Je n'en ai pas.

— Et Maria Andrès ?

— Maria Andrès en a un.

La jeune fille dit cela délibérément, sans hésiter, sans paraître surprise de la question ni embarrassée de la réponse.

— Comment s'appelle le querido de Maria Andrès ?

— Oh ! c'est un pêcheur, un pauvre mozzo. Il est très jaloux. Tenez, il est là dans la baie ; on le voit d'ici dans son bateau.

Ici, la vieille a repris la parole :

— Et heureusement il ne vous voit pas, vous autres ! Il serait content s'il voyait Maria Andrès rire et causer avec ce seigneur ! Parler avec un français, doux Jésus ! Mieux vaudrait jaser avec les quatre démons du levant et du couchant, du nord et du midi.

Un soldat a passé ; j'ai fait aux jeunes filles un salut de la main ; elles me l'ont rendu avec le sourire, et j'ai poursuivi mon chemin.

IV

6 août. — 3 heures.

J'entendais un jeune coq chanter dans l'éloignement, et je continuai à marcher. Je suis arrivé ici, par une route très âpre taillée dans le roc pour les chariots des bœufs, jusqu'à un ravin étrangement sauvage. Les rochers qui sortent des bruyères sur la pente escarpée de la montagne figurent tous des têtes gigantesques ; il y a des têtes de mort, des profils égyptiens, des silènes barbus qui rient dans l'herbe, de mornes chevaliers au masque sévère. Tout y est jusqu'à Odry, qui ricane sous une perruque de broussailles.

Par la brisure des deux montagnes, à droite, j'aperçois un bras de mer, trois villages, deux ruines, dont un couvent, une admirable vallée, une chaine de hauts sommets couverts de nuages.

Le village de Leso, qui est le plus près des trois vil-

[*] Oui, chemin difficile.

lages, a une belle église gothique d'une masse simple et grave ; on dirait une forteresse. Dieu lui-même habite des citadelles dans ce pays où la guerre ne s'éteint jamais à un coin de l'horizon sans se rallumer à l'autre.

5 heures 1 2.

Ici le spectacle est d'une magnificence formidable. L'horizon est en deux morceaux, mer et montagne. Le rivage se prolonge devant moi à perte de vue. Il a l'angle et la forme de l'immense escarpe d'un immense retranchement que la bruyère gazonne. Un précipice qui a le même angle forme la contrescarpe.

Du côté de la terre, la mer assiége avec rage et brise ce retranchement, sur l'arête duquel la nature a posé un parapet qu'on dirait bâti avec une équerre. Le retranchement s'écroule çà et là par grandes lames qui tombent d'un seul bloc dans l'océan. Figurez-vous des ardoises de quatrevingts pieds de long. Où je suis, l'assaut a été furieux, le ravage est terrible. Il s'est fait une brèche monstrueuse.

Je suis assis à la pointe extrême du rocher en surplomb qui domine cette brèche. Une forêt de fougères remplit le haut de l'écroulement. Une foule de chênes nains, que le vent de mer fauche à la hauteur d'un gazon, croissent autour de moi. Je cueille une jolie feuille rouge.

D'imperceptibles bateaux pêcheurs nagent au fond du gouffre à mes pieds ; les maquereaux, les lubines et les sardines brillent au soleil dans le fond des barques comme des tas d'étoiles. Les nuages donnent à la mer des reflets d'airain.

7 heures.

Le soleil se couche. Je redescends. Un enfant chante dans la montagne. Je le vois qui passe au fond d'un chemin creux, chassant six vaches devant lui. Les créneaux de la montagne découpent leurs larges ombres sur un champ roux où paissent des moutons.

La mer est d'un vert glauque. Elle devient plus sombre. Le ciel s'éteint.

X

LESO

J'avais depuis plusieurs jours remarqué dans la montagne un village d'un aspect étrange et sévère. Ce village s'appelle, je crois, Leso. Il est situé à l'extrémité du bras de mer de Pasages, à un endroit que la marée laisse à sec en se retirant. Hier, comme le soleil déclinait, j'ai pris à mi-côte une route à bœufs qui y conduit.

Cette route est souvent fort âpre, pavée par places de dalles de grès et de dalles de marbre, et coupée çà et là par des espèces d'escaliers abrupts que font les dalles en s'écroulant. Du reste, elle court sur la pente de deux montagnes que les bruyères violettes et les genêts jaunes couvrent en ce moment d'une immense chape de fleurs.

J'ai laissé à ma droite une grande ferme bâtie en pierre à porte ogive, puis à ma gauche une gorge très sauvage, où un torrent se fait jour de la façon la plus furieuse et la plus étrange à travers une masure qui a été une maison. J'ai passé ce torrent sur un petit pont d'une arche, et j'ai gravi la pente de la montagne opposée.

Des femmes chantaient ; des enfants se baignaient dans des flaques d'eau ; des ouvriers français venus de Bayonne, qui construisent en ce moment un bâtiment dans la baie, passaient dans un ravin, portant à sept une longue charpente. J'entendais la clochette des bœufs et le frémissement des arbres ; le paysage était d'une gaîté magnifique ; le vent faisait tout vivre, le soleil dorait tout.

Puis j'ai rencontré une ruine à droite, une ruine à gauche, une autre encore, puis un groupe de trois ou quatre, derrière un bouquet de pommiers, et je me suis trouvé brusquement à quelques pas du village.

Je me sers ici à tort du mot ruine ; je ne devrais jamais employer que le mot masure. Ces « ruines » se composent ordinairement de quatre murailles sans toit et percées de quelques fenêtres, la plupart bouchées d'un tablier de briques et converties en meurtrières, avec des traces d'incendie partout, et dans l'intérieur une vache ou deux chèvres qui broutent paisiblement l'herbe du pavé et le lierre du mur. Ces masures sont les œuvres de la dernière guerre.

Comme j'entrais au village, une mendiante solennelle, pour le moins centenaire, s'est levée à l'angle d'un mur, et m'a demandé l'aumône avec un geste de protection formidable. J'ai donné un sou à ce siècle.

Je suis entré dans une rue lugubre, bordée de grandes maisons noires, toutes en pierre, quelques-unes avec des balcons de fer massif d'un travail ancien, quelques autres avec d'énormes blasons sculptés en ronde bosse au milieu de la façade.

Des faces livides, qui semblaient éveillées en sursaut, apparaissaient sur les seuils à mon passage. Presque toutes les fenêtres avaient, au lieu de rideaux, de vastes toiles d'araignées. Par ces fenêtres longues et étroites, je regardais dans les maisons, et je voyais des intérieurs de sépulcres.

En un instant, il y eut une tête à chaque fenêtre,

mais une tête plus vieille encore que la fenêtre. Toutes ces têtes mornes, cadavéreuses, comme éblouies par un jour trop vif, s'agitaient, se penchaient, chuchotaient. Ma venue avait mis cette fourmilière de spectres en rumeur. Il me semblait être dans un village de larves et de lamies, et toutes ces ombres regardaient avec colère et terreur un vivant.

La rue où j'entrais était tortueuse et coupée, pour ainsi dire, en deux étages. Le côté droit s'adossait à la montagne, le côté gauche s'enfonçait dans la vallée.

Il y avait beaucoup de maisons du quinzième siècle, avec deux grandes portes; sur le maître-claveau de la première porte était sculpté, de la manière la plus délicate et la plus élégante, le numéro de la maison mêlé de quelque signe religieux, une croix, une colombe, une branche de lys; sur le maître-claveau de la seconde étaient ciselés les attributs du métier de l'habitant, une roue pour un charron, une cognée pour un bûcheron. Dans ce village, tout avait une sombre et singulière grandeur. Une enseigne était un bas-relief.

C'était une misère profonde, mais ce n'était pas une misère vulgaire. C'était une misère dans des maisons de pierre de taille; une misère qui avait des balcons de fer ouvré comme le Louvre et des armoiries sur lames de marbre comme l'Escurial. Une peuplade de gentilshommes en haillons dans des cabanes de granit.

Je ne voyais pas un jeune visage, excepté quelques enfants déguenillés qui me suivaient de loin, et qui, dès que je me retournais, reculaient sans fuir comme de jeunes loups effarouchés.

De deux en deux maisons il y avait une ruine, la plupart du temps couverte de lierre et obstruée de broussailles, quelquefois ancienne, le plus souvent récente.

En enjambant les pans de mur, je suis arrivé jusqu'à une maison qui paraissait inhabitée. Toute la façade sur ce qui avait été la rue avait cet air morne d'un logis sans maîtres, portes soigneusement closes, aux fenêtres des volets verts d'une boiserie du temps de Louis XIII fermés partout. J'ai escaladé une petite clôture pour tourner autour de cette maison, et de l'autre côté je l'ai trouvée ouverte, mais ouverte affreusement, ouverte de haut en bas par l'arrachement entier d'une façade dont la muraille gisait à terre d'un seul morceau dans un champ de maïs écrasé. J'ai marché sur cette muraille comme sur un pavé, et je suis entré dans la maison.

Quelle désolation! Je voyais d'un seul coup d'œil les quatre étages éventrés. L'escalier a été brûlé; la cage de l'escalier n'est plus qu'un large trou où toutes les chambres viennent aboutir. Les murs, roux et hideux, montrent partout les marques de la flamme.

Je n'ai pu parcourir que le rez-de-chaussée, l'escalier manquant.

Cette maison était très grande et très haute; elle n'est plus portée que par quelques piliers et quelques poutres amincies par le feu. Je la voyais pendre et trembler au-dessus de ma tête; de temps en temps une pierre,

une brique, un plâtras se détachait et tombait à mes pieds, ce qui faisait un bruit de vie sinistre dans cette maison morte. Au troisième étage, une planche à demi brûlée est restée suspendue à un clou; le vent l'agite et la fait grincer tristement. Je revoyais dans les chambres les volets solidement verrouillés. Il y a quelques lambeaux de papier sur les murs. Une chambre est peinte en rose. Dans la cuisine, à un endroit maintenant inaccessible, j'ai remarqué, sur le chambranle blanc de la haute cheminée, un petit navire dessiné au charbon par une main d'enfant.

D'une ruine séculaire on sort l'âme agrandie et dilatée. D'une ruine d'hier on sort le cœur serré. Dans la ruine antique, je me figure le fantôme; dans la ruine récente, je me représente le propriétaire. Le fantôme est moins triste.

Une église haute, énorme, granitique, lugubre, domine ce village farouche.

De loin, ce n'est pas une église, c'est un bloc. En approchant, on distingue quelques trous dans la muraille, et à l'abside trois ou quatre ogives du quinzième siècle. Comme on a trouvé sans doute que cela donnait trop de jour dans cette boîte de pierre, on a muré les ogives et on n'a laissé au centre de chacune d'elles qu'un étroit œil-de-bœuf. La muraille est rousse, âpre, rongée de lichen.

La façade est un grand mur coupé carrément, sans fenêtre, sans baie, et n'offrant à l'œil d'autre ouverture que le portail, qui est bas et triste, avec deux colonnes frustes et un fronton nu. Deux longs arrachements de pierres noires balafrent cette façade du haut en bas. Elle est accostée à droite d'une longue et étroite tour, laquelle dépasse à peine le faîte de l'édifice.

Sept ou huit vieilles hideuses étaient accroupies solitairement de distance en distance autour de l'église. Je ne sais si cet arrangement était l'effet du hasard, mais chacune de ces vieilles paraissait s'accoupler à une gargouille qui tendait le cou au-dessus de sa tête au bord du toit. Par instants, les vieilles levaient les yeux au ciel et semblaient échanger de tendres regards avec les gargouilles.

Une de ces mendiantes sauvages attachait sur moi un œil plus fixe et plus fauve que les autres. Je suis allé droit à elle, ce qui a paru l'étonner; puis je lui ai montré l'église et je lui ai dit: Guitza. Ce qui signifie en basque: la clef. La gargouille vivante, apprivoisée par ce mot magique et par une demi-peseta que j'ai jetée dans son tablier, s'est dressée debout et m'a dit: Bay, c'est-à-dire: Oui. Elle a disparu derrière l'église.

Je suis resté seul devant le porche. Les autres vieilles s'étaient toutes levées et s'étaient groupées à un angle d'où elles me regardaient.

Quelques moments après, celle qui s'était éloignée a reparu tenant une clef. Elle a ouvert la porte de l'église, et j'y suis entré.

Était-ce l'heure, la nuit qui s'approchait? la disposition de mon esprit ou l'émanation même de l'édifice? jamais je n'ai ressenti impression plus glaçante qu'en pénétrant dans cette église.

C'était une haute nef, nue au dedans comme elle l'était au dehors, sombre, froide, misérable et grande, à peine éclairée par des reflets blafards et terreux d'un jour crépusculaire.

Au fond, derrière le tabernacle, sur une estrade de pierre, se développait du pavé à la voûte un immense dessus d'autel, chargé de statues et de bas-reliefs, jadis doré, maintenant rouillé, étageant sur une surface de soixante pieds de haut les formidables saints de l'Inquisition mêlés à l'architecture tragique et sinistre de Philippe II. Cet autel, entrevu dans cette ombre, avait je ne sais quoi d'impitoyable et de terrible.

La vieille avait allumé un lumignon, qui scintillait dans une grande lampe de fer-blanc estampé, d'un beau goût, suspendue devant l'autel. Ce lumignon n'ôtait rien à l'obscurité et ajoutait quelque chose à l'horreur.

Le prêtre monte à cet autel par un large degré qu'encaisse une rampe de pierre massive admirablement ouvrée dans le goût sombre et élégant de Charles-Quint, qui répond à ce que nous nommons en France le style François Iᵉʳ, et à ce qu'on nomme en Angleterre l'architecture Tudor.

J'ai monté cet escalier, et de là j'ai regardé l'église, qui est vraiment majestueuse et funèbre.

La vieille était je ne sais où dans quelque coin ténébreux.

La porte était restée entr'ouverte, et je voyais au loin la campagne déjà couverte d'ombre, le ciel assombri, le bras de mer, vaste grève à sec en ce moment; sur le premier plan, une ruine qui était une cabane; sur le second plan, une ruine qui était une maison d'alcade; au fond, une ruine qui était un couvent. La cabane ruinée, la maison ruinée, le couvent ruiné, ce ciel d'où le jour s'en va, cette plage d'où la mer se retire, n'était-ce pas un symbole complet? Il me semblait que, du fond de cette mystérieuse église, je voyais, non une campagne quelconque, mais la figure de l'Espagne.

En ce moment, un bruit singulier est venu jusqu'à moi. J'ai écouté, ne pouvant en croire mes oreilles, et écouté encore. Chose surprenante et qui annonce combien est déjà profonde la révolution qui se fait en ce pays: la bande d'enfants qui m'avait suivi de loin avait vu l'église ouverte; elle s'était installée sous le porche, et elle chantait à tue-tête, et avec dérision et avec de longs éclats de rire, la messe et les vêpres, parodiant le prêtre à l'autel et les chantres dans le chœur.

Vous le dirai-je, ami? en ce moment-là, je me suis senti dans l'âme une pitié infinie pour ces pauvres enfants à qui la religion va manquer avant qu'on leur ait donné la civilisation.

Et puis, des enfants ma pitié est allée à cette pauvre vieille nef du saint-office, obligée de subir cet affront en silence. Quel châtiment! quelle réaction! des enfants raillent ce qui a si longtemps fait trembler les hommes!

Oh! si les pierres ont des entrailles, si l'âme des institutions se communique aux édifices qu'elles construisent, quelle morne et inexprimable colère devait en ce moment-là remuer jusqu'en leurs fondements ces austères et formidables murailles! Et songer que ceci se passait auprès du berceau de saint Ignace, à deux lieues de la vallée de Loyola! — A mesure que les enfants chantaient, la nef devenait plus sombre, et cette nuit qui se faisait dans l'église semblait être l'image de la nuit qui se faisait dans leur foi.

Triste église de Saint-Dominique, tu avais cru vaincre Satan, et tu es vaincue par Voltaire!

Voilà donc que tout est masure en Espagne! la maison, demeure de l'homme, est ruinée dans les campagnes; la religion, demeure de l'âme, est ruinée dans les cœurs.

Il faisait nuit quand je suis sorti de l'église. Toutes les fenêtres et toutes les portes étaient closes dans le village. Pas une lumière, pas un habitant. On eût dit que ces sépulcres s'étaient refermés et que ces spectres s'étaient rendormis.

Cependant, à une place, j'ai distingué une lueur. Je m'y suis dirigé. Un volet était entre-bâillé à un rez-de-chaussée, et j'ai vu dans une chambre basse une vieille femme accroupie, immobile, adossée à un mur fraîchement blanchi. Au-dessus de sa tête brûlait une lampe attachée à un clou, la vieille lampe espagnole qui a la

forme d'une lampe sépulcrale. J'ai cru voir rêver lady Macbeth.

La réverbération de cette lampe m'a permis de lire sur la porte de la maison d'en face cette inscription:

POSADA

LHABIT.

Je m'attendais à tout, excepté à trouver là une auberge.

La lune se levait derrière les monts Jaitzquivel comme je sortais du village. Il m'a été facile de retrouver mon chemin. Pourtant, dans la disposition d'esprit où ma visite à ce lieu étrange m'avait laissé, j'avais peine à reconnaître cette campagne qui m'avait charmé quelques heures auparavant. Ce paysage, si gai au soleil, était devenu lugubre à la lune. La solitude de la nuit emplissait l'horizon.

J'approchais de Pasages. Quelques passants commençaient à se montrer sur la route.

J'avais l'œil fixé sur la ruine d'un castillo qui se dessinait au loin au clair de lune sur la crête d'une assez haute montagne, au fond d'une vallée étroite, sauvage et déserte.

Ce qui m'occupait, c'était une lumière qui venait d'apparaître dans cette ruine, à l'extrémité du pignon. Cette lumière avait quelque chose d'inexplicable et de singulier. D'abord à cause du lieu où elle brillait, ensuite à cause de la façon dont elle brillait. Elle se comportait comme un phare, s'allumant, puis s'éteignant, puis se rallumant et jetant tout à coup l'éclat d'une grosse étoile. Qu'était-ce que ce feu, et que signifiait-il ?

Comme j'arrivais à la gorge où est le pont, une pauvresse qui se trouve habituellement à l'entrée de la corderie et à laquelle je fais l'aumône à peu près chaque matin, traversait la chaussée pour monter jusqu'à sa cabane à mi-côte. En m'apercevant, elle se retourna, fit un signe de croix et me montra la lumière en disant: *Los demonios.* Je passai outre.

Un peu plus loin, à l'entrée du dallage rapide qui descend à Pasages, un homme, un pêcheur, était debout sur un bloc de marbre rouge, et, comme la vieille, il regardait la lumière. *Que es eso?* lui dis-je en m'approchant. L'homme ne quitta pas la lumière des yeux, et me répondit : — *Contrabandistas.*

Comme je montais mon escalier, mon hôtesse, l'excellente Mme Basquetz, vint à moi :

— Ah ! monsieur, comme vous voilà tard! Vous n'avez pas soupé? D'où venez-vous donc ainsi?

— De Leso.

— Ah! vous êtes allé à Leso?

— Oui, madame.

Elle répéta un moment après, d'un air pensif:

— De Leso?

— Mais oui, repris-je. Et vous, n'y êtes-vous jamais allée?

— Non, monsieur.

— Et pourquoi?

— Parce que, dans le pays, on ne va jamais à Leso.

— Et pourquoi n'y va-t-on jamais?

— Je ne sais pas.

X

PAMPELUNE

Je suis à Pampelune, et je ne saurais dire ce que j'y éprouve. Je n'avais jamais vu cette ville, et il me semble que j'en reconnais chaque rue, chaque maison, chaque porte. Toute l'Espagne que j'ai vue dans mon enfance m'apparaît ici comme le jour où j'ai entendu passer la première charrette à bœufs. Trente ans s'effacent dans ma vie ; je redeviens l'enfant, le petit français, *el niño, el chiquito frances*, comme on m'appelait. Tout un monde qui sommeillait en moi s'éveille, revit et fourmille dans ma mémoire. Je le croyais presque effacé ; le voilà plus resplendissant que jamais.

Ceci est bien la vraie Espagne. Je vois des places à arcades, des pavés à mosaïques de cailloux, des bateaux à bannes, des maisons peintes à falbalas, qui me font battre le cœur. Il me semble que c'était hier. Oui, je suis entré hier sous cette grande porte cochère qui donne sur un petit escalier ; j'ai acheté l'autre dimanche, en allant à la promenade avec mes jeunes camarades du séminaire des nobles, je ne sais quelles gimblettes poivrées *(rosquillas)* dans cette boutique au fronton de laquelle pendent des peaux à bouc à porter le vin ; j'ai joué à la balle le long de ce haut mur, derrière une vieille église. Tout cela est pour moi certain, réel, distinct, palpable.

Il y a des bas de murailles coloriés en marbre extravagant qui me ravissent l'âme. J'ai passé deux heures délicieuses tête à tête avec un vieux volet vert à petits panneaux qui s'ouvre en deux morceaux de façon à faire une fenêtre si on l'ouvre à moitié et un balcon si on l'ouvre tout à fait. Ce volet était depuis trente ans, sans que je m'en doutasse, dans un coin de ma pensée. J'ai dit : Tiens! voilà mon vieux volet !

Quel mystère que le passé ! Et comme il est vrai que nous nous déposons nous-mêmes dans les objets qui nous entourent ! Nous les croyons inanimés, ils vivent cependant ; ils vivent de la vie mystérieuse que nous leur avons donnée. A chaque phase de notre vie nous dépouillons notre être tout entier, et nous l'oublions dans un coin du monde. Tout cet ensemble de choses indicibles qui a été nous-même reste là dans l'ombre, ne faisant qu'un avec les objets sur lesquels nous nous sommes empreints à notre insu. Un jour enfin, par aventure, nous revoyons ces objets ; ils surgissent devant nous brusquement, et les voilà qui sur-le-champ, avec la toute-puissance de la réalité, nous restituent notre passé. C'est comme une lumière subite ; ils nous reconnaissent, ils se font reconnaître de nous, ils nous rapportent, entier et éblouissant, le dépôt de nos souvenirs, et nous rendent un charmant fantôme de nous-même, l'enfant qui jouait, le jeune homme qui aimait.

J'ai donc quitté hier Saint-Sébastien.

Les montagnes produisent deux sortes de routes : celles qui serpentent à plat sur le sol comme les vipères, celles qui serpentent en ondulant par soubresauts comme les boas. Passez-moi ces deux comparaisons qui rendent ma pensée sensible. La route de Saint-Sébastien à Tolosa est de la dernière espèce ; celle de Tolosa à Pampelune est de la première. C'est-à-dire que la route de Saint-Sébastien à Tolosa monte et descend sur la croupe des collines et que la route de Tolosa à Pampelune suit les sinuosités des vallées. L'une est charmante, l'autre est sauvage.

En quittant Saint-Sébastien j'ai donné un dernier coup d'œil à la presqu'île, à la mer qui blanchissait superbement sur le sable, au mont Urgull, et aux trois couvents qui ont été brûlés aux portes de la ville, un par les cristinos, deux par les carlistes.

Hernani n'a pas de monuments, — une église quelconque dont le portail pompadour est pourtant assez riche, un *ayuntamiento* insignifiant ; — mais Hernani a un admirable paysage et une rue qui vaut une cathédrale. La grande rue de Hernani, toute bordée de

blasons en saillie, de balcons-bijoux, de portails sei-
gneuriaux, fermée par une vieille poterne ruinée qui
porte en ce moment, au lieu de créneaux, des touffes
de capucines en fleur, est un livre magnifique où l'on
peut lire page à page, maison à maison, l'architecture
de quatre siècles.

J'ai regretté en traversant la ville que rien n'indi-
quât au passant la maison où est né Jean de Urbuta,
ce capitaine espagnol auquel échut, dans la journée de
Pavie, l'honneur de faire François Ier prisonnier. Urbuta
fit la chose en gentilhomme et François Ier la subit en
roi. L'Espagne doit à Urbuta une plaque de marbre
dans la grande rue de Hernani.

Au reste, ces montagnes sont pleines de noms
illustres. Motrico est la patrie de Charruca qui mourut
à Trafalgar. Sébastien de Elcano, qui fit le tour du
monde en 1519 (notez la date), et Alonzo de Ercilla,
qui fit un poème épique, naquirent, l'un à Guetaria,
l'autre à Bermeo. La vallée de Loyola a vu naître en
1491 Ignace qui de page se fit saint, et le pont de
Lozedo a vu débarquer, venant d'Allemagne pour aller
à Saint-Just, Charles-Quint qui d'empereur se fit
moine.

Tolosa, qui est l'ancienne Iturissa, a plus de grâce
que Hernani, et plus de vie et plus de richesse, mais
moins de grandeur et de solennité.

Malgré la pluie fine qui tombait depuis le matin, j'ai
vu toute la ville. Quelques vieilles maisons, dont une
bâtie sous Alphonse le Sage, le roi astronome ; une
assez belle église, dont on a fait un grenier à fourrage ;
les deux jolies rivières, l'Oria et l'Araxa, voilà tout ce
que j'ai eu pour ma peine.

Il y a sur la devanture d'un premier étage dans la
grande rue une inscription sur marbre noir qui commence par *Sic visum superis* et qui se termine par *el
emperador le... caballero.* J'avais commencé à la copier,
mais cette action inouïe a produit en quelques minutes
un tel attroupement autour de moi que j'ai renoncé à
l'inscription. Dans ce moment où les ayuntamientos
tremblent comme la feuille, j'ai craint de faire par
mégarde une révolution à Tolosa.

Hernani, où j'étais passé étant enfant et dont le souvenir m'était resté, a bien plus que Tolosa la physionomie espagnole. Les quatorze diligences qui partent
tous les jours de Tolosa emportent chaque matin quelque chose des vieilles mœurs, des vieilles idées, des
vieilles coutumes, de ce qui fait la vieille Espagne
enfin.

Et puis on travaille à Tolosa. Il y a la fabrique de
chapeaux d'Urbieta, une manufacture de papier, force
corroiries, force fabriques de clous, de fers à cheval,
de marmites en fer battu, de grilles de balcon en fer
poli, de sabres et de fusils ; toute la montagne est
pleine de forges. Or, si quelque chose peut déformer
l'Espagne, c'est le travail.

L'Espagne est essentiellement le peuple gentilhomme
qui, pendant trois siècles, s'est fait nourrir à ne rien
faire par les Indes et les Amériques. De là les rues blasonnées. En Espagne on attendait le galion comme en
France on vote le budget.

Tolosa avec son activité, son industrie, ses moulins,
ses torrents, ses ombrages, ses enclumes et son bruit,
ressemble à une jolie ville française. Il semble qu'elle
doit importuner par ses bourdonnements la Castille-
Vieille, sa voisine, et que celle-ci a dû être plus d'une
fois tentée de se retourner, à demi assoupie comme elle
est, pour lui dire : Tais-toi donc !

Au moment où je descendais à Tolosa, sous la porte
de la fonda, une nuée de servantes en jupon court et
jambes nues, empressées, cordiales et quelques-unes
jolies, m'a entouré et s'est emparée de mon bagage.
Toutes essayaient de me dire quelques mots en français.

Ce matin, à trois heures, bien avant le jour comme
vous voyez, je me suis installé dans le coupé de la diligence la *Coronilla de Aragon,* et je suis sorti de Tolosa.

Nous avons traversé la rue et le pont et abordé la
grande route dans la nuit noire, au galop furieux de
huit mules pressées, excitées, fouettées, éperonnées,
aiguillonnées, exaspérées, par trois hommes.

L'un de ces trois hommes était un enfant, mais il
valait à lui seul les deux autres.

Il ne paraissait pas avoir plus de huit à neuf ans. Ce
farouche marmot, qu'avant de partir j'avais entrevu
sous la lanterne de l'écurie, avec son chapeau à la
Henri II, sa blouse de paillasse et ses guêtres de cuir,
avait un profil arabe, des yeux fendus en amande et la
plus gracieuse allure du monde. Sitôt qu'il fut à cheval,
il se transfigura ; il me sembla voir un gnome qui se
serait fait postillon. Il était presque imperceptible sur
son immense mulet, semblait vissé sur sa selle, bran-
dissait à son petit bras un fouet monstrueux dont chaque coup faisait bondir l'attelage et précipitait tête
baissée à corps perdu dans les ténèbres tout cet énorme
équipage sonnant, cahoté, bondissant, roulant sur les
ponts et les chaussées avec le bruit d'un tremblement
de terre. C'était la mouche du coche, mais quelle formidable mouche !

Figurez-vous un démon traînant le tonnerre.

Le mayoral, assis à droite sur le siège, grave comme
un évêque, secouait ainsi qu'un sceptre un fouet gigantesque dont la pointe atteignait la huitième mule à
l'extrémité de l'attelage et dont la piqûre semblait de
feu. De temps en temps il criait : *Anda, niño !* va, enfant ! Et le petit postillon se courbait furieux sur sa
mule, et tout bondissait comme si la voiture allait s'envoler.

A gauche du mayoral se tenait un grand gueux d'une
vingtaine d'années presque aussi fantastique que le postillon. C'était le sagal. Cet étrange gaillard, sanglé d'une
corde, chaussé d'une loque, vêtu d'une guenille et coiffé

d'un béret, risquait sa vie vingt fois par heure. A chaque minute il se ruait à terre, sautait d'un bond à la tête de l'équipage, insultait les mules, les appelait par leurs noms avec des cris effrayants : *La capitana! la gaillarda! la generale! Leona! la carabinera! la collegiana! la carcaña!* fouettait, piquait, pinçait, mordait, frappait du poing et du pied, poussait au triple galop la diligence, qu'il semblait ne pouvoir plus suivre et qui le dépassait avec la vitesse de l'éclair, et au moment où on le croyait à un quart de lieue en arrière, à l'instant le plus rapide de la course, un homme qui semblait lancé par une bombe tombait tout à coup sur le siège à côté du mayoral. C'était le sagal qui se rasseyait.

Et qui se rasseyait le plus tranquille du monde, sans être ému, ni haletant, sans une goutte de sueur sur le front. Un avare qui vient de donner un liard à un pauvre est, à coup sûr, plus essoufflé. Qui n'a pas vu courir un sagal navarrais sur la route de Tolosa à Pampelune ne sait pas tout ce que contient le fameux proverbe : *courir comme un basque.*

J'avais la tête alourdie par cette espèce de sommeil où la fatigue d'une mauvaise nuit, l'air frais du matin et le roulement de la voiture plongent le voyageur. Vous connaissez cette somnolence à la fois vague et transparente où l'esprit flotte à demi noyé, où les réalités qu'on perçoit confusément tremblent, grandissent, chancellent, s'effacent, et deviennent des rêves tout en restant des réalités. Une diligence devient un tourbillon, et reste une diligence. Les bouches des gens qui parlent sonnent comme des trompes ; au relais la lanterne du postillon flamboie comme Sirius : l'ombre qu'elle projette sur le pavé semble une immense araignée qui saisit la voiture et la secoue entre ses antennes. C'est à travers cette rêverie grossissante que mes huit mules et mes trois postillons m'apparaissaient.

Mais n'y a-t-il pas quelquefois de la raison dans les hallucinations, de la vérité dans les rêves ? et les états étranges de l'âme ne sont-ils pas pleins de révélations ?

Eh bien ! vous le dirai-je ? dans cette situation où tant de philosophes ont vainement essayé de s'étudier eux-mêmes, des doutes singuliers, des questions bizarres et neuves se présentaient à ma pensée. Je me demandais : Que peut-il se passer et que se passe-t-il en ces pauvres mules, qui, dans l'espèce de somnambulisme où elles vivent, vaguement éclairées des lueurs vacillantes de l'instinct, assourdies par cent grelots à leurs oreilles, presque aveuglées par le guardaojos, emprisonnées par le harnais, épouvantées par le bruit de chaînes, de roues et de pavés qui les suit sans cesse, sentent s'acharner sur elles dans cette ombre et dans ce tumulte trois satans qu'elles ne connaissent pas, mais qu'elles sentent, qu'elles ne voient pas, mais qu'elles entendent ? Que signifie pour elles ce songe, cette vision, cette réalité ? Est-ce un châtiment ? mais elles n'ont pas fait de crime. Que pensent-elles de l'homme ?

Mon ami, l'aube commençait à poindre, un coin du firmament blanchissait de cette blancheur sinistre qu'a toujours la première lueur du matin ; tout ce qui vit de la vie distincte et précise dormait encore dans les nids perdus sous les feuilles et dans les cabanes enfouies dans les bois ; mais il me semblait que la nature ne dormait pas. Les arbres entrevus dans l'obscurité comme des fantômes se dégageaient peu à peu de la brume dans les gorges profondes de Tolosa et apparaissaient au-dessus de nous au bord du ciel comme s'ils avançaient la tête par-dessus le sommet des collines ; les herbes frissonnaient sur la berge du chemin ; sur les rochers, des broussailles noires et confuses se tordaient comme avec désespoir ; je n'entendais aucun bruit, aucune voix, aucune plainte ; mais, je vous le dis, il me semblait que la nature ne dormait pas ! il me semblait qu'elle se réveillait peu à peu autour de nous, et que, dans ces arbres, dans ces herbes, dans ces broussailles, c'était elle, la mère commune, qui se penchait dans une douleur ineffable et une inexprimable pitié, du bord du chemin et du haut des montagnes, pour voir passer et souffrir dans cette course pleine de ténèbres ces pauvres mules épouvantées, ces animaux abandonnés et misérables qui sont ses enfants comme nous, et qui vivent plus près d'elle que nous.

O mon ami, si la nature en effet nous regarde à de certaines heures, si elle voit les actions brutales que nous commettons sans nécessité et comme par plaisir, si elle souffre des choses méchantes que les hommes font, que son attitude est sombre et que son silence est terrible !

Nul n'a sondé ces questions. La *philosophie humaine* s'est peu occupée de l'homme en dehors de l'homme, et n'a examiné que superficiellement et presque avec un sourire de dédain les rapports de l'homme avec la chose et avec la bête qui à ses yeux n'est qu'une chose. Mais n'y a-t-il pas là des abîmes pour le penseur ?

Doit-on se croire insensé parce qu'on a dans le cœur le sentiment de la pitié universelle ? N'existe-t-il pas de certaines lois d'équité mystérieuse qui se dégagent de l'ensemble des choses, et que blessent les voies de fait inintelligentes et inutiles de l'homme sur les animaux ? Sans doute la souveraineté de l'homme sur les choses ne peut être niée ; mais la souveraineté de Dieu passe avant celle de l'homme. Or, pensez-vous, par exemple, que l'homme ait pu, sans violer quelque intention secrète et paternelle du créateur, faire du bœuf, de l'âne et du cheval les forçats de la création ? Qu'il les fasse servir, c'est bien, mais qu'il ne les fasse pas souffrir ! Qu'il les fasse mourir, même, s'il le faut, c'est son besoin et c'est son droit, mais du moins, et j'insiste sur ceci, qu'il ne leur fasse souffrir rien d'inutile.

Quant à moi, je pense que la pitié est une loi comme la justice, que la bonté est un devoir comme la probité. Ce qui est faible a droit à la bonté et à la pitié de qui est fort. L'animal est faible, puisqu'il est inintelligent. Soyons donc pour lui bons et pitoyables.

Il y a dans les rapports de l'homme avec les bêtes, avec les fleurs, avec les objets de la création, toute une grande morale à peine entrevue encore, mais qui finira par se faire jour et qui sera le corollaire et le complément de la morale humaine. J'admets les exceptions et les restrictions, qui sont innombrables, mais il est certain pour moi que, le jour où Jésus a dit : « Ne faites pas à autrui ce que vous ne voudriez pas qu'on vous fît », dans sa pensée *autrui* était immense ; *autrui* dépassait l'homme et embrassait l'univers.

L'objet principal pour lequel a été créé l'homme, son grand but, sa grande fonction, c'est d'aimer. Dieu veut que l'homme aime. L'homme qui n'aime pas est au-dessous de l'homme qui ne pense pas. En d'autres termes, l'égoïste est inférieur à l'imbécile, le méchant est plus bas dans l'échelle humaine que l'idiot.

Chaque chose dans la nature donne à l'homme le fruit qu'elle porte, le bienfait qu'elle produit. Tous les objets servent l'homme, selon les lois qui leur sont propres ; le soleil donne sa lumière, le feu sa chaleur, l'animal son instinct, la fleur son parfum. C'est leur façon d'aimer l'homme. Ils suivent leur loi, et ne s'y refusent pas et ne s'y dérobent jamais ; l'homme doit obéir à la sienne. Il faut qu'il donne à l'humanité et qu'il rende à la nature ce qui est sa lumière à lui, sa chaleur, son instinct et son parfum, — l'amour.

Sans doute c'était le premier devoir — et c'est par là qu'on a dû commencer, et les divers législateurs de l'esprit humain ont eu raison de négliger tout autre soin pour celui-là — il fallait civiliser l'homme du côté de l'homme. La tâche est avancée déjà et fait des progrès chaque jour. Mais il faut aussi civiliser l'homme du côté de la nature. Là tout est à faire.

Voilà ma rêverie. Prenez-la pour ce qu'elle est ; mais quoi que vous en disiez, je vous déclare qu'elle vient d'un sentiment profond que j'ai en moi. Maintenant, pensons-y, mais n'en parlons plus. Il faut jeter la graine et laisser le sillon faire.

12 août.

Que vous dirai-je ? je suis charmé. C'est un admirable pays, et très curieux, et très amusant. Pendant que vous avez la pluie à Paris, j'ai le soleil ici, et le ciel bleu, et tout juste ce qu'il faut de nuages pour faire de magnifiques fumées sur les montagnes.

Tout ici est capricieux, contradictoire et singulier ; c'est un mélange de mœurs primitives et de mœurs dégénérées ; naïveté et corruption ; noblesse et bâtardise ; la vie pastorale et la guerre civile ; des gueux qui ont des airs de héros, des héros qui ont des mines de gueux ; une ancienne civilisation qui achève de pourrir au milieu d'une jeune nature et d'une nation nouvelle ; c'est vieux et cela naît, c'est rance et c'est frais. C'est inexprimable. Surtout c'est amusant.

Pays unique où l'incompatible se marie à tout mo-

ment, à tout bout de champ, à tout coin de rue. Les servantes de tables d'hôte se cambrent comme des duchesses pour recevoir deux sous. Regardez cette fille de village qui passe ; elle est jolie à miracle, coiffée à ravir, coquette et parée comme une madone ; baissez les yeux, c'est une horrible jupe déguenillée d'où sortent d'affreux grands pieds nus et sales, la madone se termine en muletier. Le vin est exécrable, il sent la peau de bouc ; l'huile est abominable, elle sent je ne sais quoi ; l'enseigne de toutes les boutiques vous offre du vin et de l'huile : *Vino y aceyte*. Les grandes routes ont des trottoirs, les mendiants ont des bijoux, les cabanes ont des armoiries, les habitants n'ont pas de souliers. Tous les soldats jouent de la guitare dans tous les corps de garde. Les prêtres grimpent sur l'impériale, fument des cigares, regardent les jambes des femmes, mangent comme des tigres et sont maigres comme des clous. Les chemins sont semés de gredins pittoresques.

O Espagne décrépite ! ô pays tout neuf ! Grande histoire, grand passé, grand avenir ! présent hideux et chétif ! O misères ! ô merveilles ! On est repoussé, on est attiré. Je vous le redis, c'est inexprimable.

Le soir, on les revoit, ces mêmes gredins, sur le sommet des collines, une carabine au dos, faisant des silhouettes sur le ciel.

La gorge qui mène de Tolosa à Pampelune serait célèbre si on la voyait. Mais c'est une de ces routes que personne ne prend. Un voyage en zigzag en Espagne serait un voyage de découvertes. Il y a sept ou huit grandes routes ; tout le monde les suit. Personne ne connaît les lieux intermédiaires.

Du reste, l'Europe est menacée de quelque chose de pareil. Le délaissement des régions intermédiaires, c'est là un des résultats probables et redoutables des chemins de fer. La civilisation trouvera certainement le remède, mais il faut qu'elle le cherche.

Il y a une classe de gens, d'esprit, si vous voulez, que l'enthousiasme fatigue ou dépasse, et qui se tirent d'affaire, devant toutes les beautés de l'art ou de la création, avec cette phrase toute faite : C'est toujours la même chose. Pour ces contempteurs profonds, qu'est-ce que la mer ? Une falaise ou une dune et une grande ligne bleue ou verte fort maussade. Qu'est-ce que le Rhin ? De l'eau, un rocher et une ruine ; puis de l'eau, un rocher et une ruine ; et ainsi de suite, de Mayence à Cologne. Qu'est-ce qu'une cathédrale ? Une flèche, des ogives, des vitraux et des arcs-boutants. Qu'est-ce qu'une forêt ? Des arbres, et puis des arbres.

Qu'est-ce qu'une gorge? Un torrent entre deux montagnes. « C'est toujours la même chose! »

Braves imbéciles qui ne se doutent pas du rôle immense que jouent en ce monde le détail et la nuance! Dans la nature, c'est la vie; dans l'art, c'est le style. Superbes niais dédaigneux, qui ne savent pas que l'air, le soleil, le ciel gris ou serein, le coup de vent, l'accident de lumière, le reflet, la saison, la fantaisie de Dieu, la fantaisie du poëte, la fantaisie du paysage, sont des mondes! Le même motif donne la baie de Constantinople, la baie de Naples et la baie de Rio-Janeiro. Le même squelette donne Vénus et la Vierge. Toute la création en effet, ce spectacle multiple, varié, éblouissant et mélancolique, que tous les penseurs étudient depuis Platon, que tous les poëtes contemplent depuis Homère, peut se réduire à deux choses : du vert et du bleu. Oui, mais Dieu est le peintre. Avec ce vert il fait la terre ; avec ce bleu il fait le ciel.

La gorge de Tolosa est donc une gorge comme toutes les gorges, « toujours la même chose », un torrent entre deux montagnes; mais ce torrent pousse un cri si horrible, mais les montagnes ont des attitudes si hautaines qu'en y pénétrant l'homme se sent faible et petit. Une forêt se mêle aux rochers, et il y a de larges nappes de roc vif qui descendent des plus hauts sommets toutes semées de grands chênes presque inexplicables. On voit l'arbre, on voit le rocher, on se demande où est la racine et de quoi elle vit.

Comme dans tout le terrible que fait la nature, il y a des coins charmants, des gazons, des ruisseaux détachés du torrent qui murmurent à côté avec ce doux gazouillement que doivent avoir les aiglons dans le nid de l'aigle, des herbes pleines de fleurs et de parfums, mille reposoirs gracieux pour l'œil et pour la pensée. L'homme seul reste morne. Les paysans qui passent ont l'air rêveur; point de villages; çà et là de hautes maisons de pierres percées de trois ou quatre petites fenêtres qu'on a trouvées trop grandes, car on en a muré la moitié.

Dans ce pays, je suis forcé de le répéter, la fenêtre n'est plus une fenêtre; c'est une meurtrière. La maison n'est plus une maison; c'est une forteresse. A chaque pas, une ruine. C'est que toutes les guerres civiles de la Navarre, depuis quatre siècles, ont roulé dans le ravin pêle-mêle avec ce torrent. C'est que cette eau blanche d'écume a été bien des fois rouge de sang. Voilà peut-être pourquoi le torrent hurle si tristement. Voilà à coup sûr pourquoi l'homme rêve.

Une haute montagne, une grande montée, en style de voyageur, une mauvaise côte, en langage de postillon, coupe en deux cette gorge. La route, fort belle d'ailleurs, se tord si ne se replie au flanc du précipice avec des tournants effrayants. On avait ajouté deux bœufs à nos huit mules, et la diligence, remorquée par cet immense attelage, montait au pas. Au milieu de l'ascension, une grande borne de pierre vous avertit que vous êtes à six lieues de Pampelune, *seis leguas á*

Pamplona. Les montagnes font autour du précipice d'admirables entassements. Des moissonneurs gros comme des fourmis fauchaient leur blé dans l'abîme.

J'étais descendu de voiture, et, tout en cheminant au bruit des chaînes des bœufs et des mules, j'ai cueilli un bouquet de fleurs sauvages. J'ai rencontré un mendiant, je lui ai donné un réal. Puis au haut de la montagne j'ai rencontré une petite cascade, j'y ai jeté mon bouquet. Il faut faire aussi l'aumône aux naïades.

Là, je suis remonté sur l'impériale, et l'on a dételé les bœufs. En ce moment les six mules de devant, se sentant libres, sont parties au galop. Le postillon et le zagal ont couru après les mules, jurant et laissant là la voiture. La diligence était encore sur un plan très incliné. Les deux mules timonières restées seules pour la retenir n'en ont pas eu la force; elles ont lâché pied, et la voiture s'est mise à rouler lentement vers le précipice. Les voyageurs fort effarés appelaient les conducteurs qui ne les entendaient pas. La roue de derrière n'était plus qu'à quelques pouces du versant, lorsque le mendiant, pauvre vieux tout courbé et presque paralytique, s'est approché et a poussé une pierre du pied. Cela a suffi. La pierre a fait obstacle à la roue et la voiture s'est arrêtée.

Il y avait un prêtre à côté de moi sur la banquette. Il a fait un signe de croix, et m'a dit : — Dieu vient de sauver vingt personnes. J'ai répondu : — Avec un caillou et un vieillard.

Les conducteurs ont ramené les mules qui étaient déjà loin.

Une heure après, nous débouchions entre deux promontoires énormes, qui sont les dernières tours qu'ait la montagne de ce côté, sur la plaine de Pampelune.

Pampelune est une ville qui tient plus qu'elle ne promet. De loin on hoche la tête, aucun profil monumental n'apparaît; lorsqu'on est dans la ville, l'impression change. Dans les rues, on est intéressé à chaque pas; sur les remparts, on est charmé.

La situation est admirable. La nature a fait une plaine ronde comme un cirque et l'a entourée de montagnes; au centre de cette plaine, l'homme a fait une ville. C'est Pampelune.

Ville vasconne selon les uns avec le nom antique de Pompelon; ville romaine selon les autres avec Pompée pour fondateur. Pampelune est aujourd'hui la cité navarraise dont la maison d'Évreux a fait une ville gothique, dont la maison d'Autriche a fait une ville castillane, et dont le soleil fait presque une ville d'orient.

Tout à l'entour les montagnes sont chauves, la plaine est desséchée. Une jolie rivière, l'Arga, y nourrit quelques peupliers. Les molles ondulations qui vont de la plaine aux montagnes sont couvertes de fabriques de Poussin. Ce n'est pas seulement une grande plaine, c'est un grand paysage.

Vue de près, la ville a le même caractère. Les rues à maisons noires égayées de peintures, de balcons, de rideaux flottants, sont tout ensemble riantes et sévères.

Une magnifique tour carrée en briques sèches, de la ligne la plus simple et la plus fière, domine la promenade plantée d'arbres. C'est le treizième siècle modifié par le goût arabe, comme il l'est en Allemagne et en Lombardie par le goût byzantin. Un portail dans le style de Philippe IV meuble richement la partie inférieure de cette tour qui sans lui serait peut-être un peu nue. Ce portail, qui n'a rien de criard ni d'excessif, est ajouté là avec bonheur. Cela est presque rococo, et c'est encore de la renaissance.

Au reste, le rococo espagnol est un rococo arriéré comme tout ce que produit l'Espagne; il emprunte au seizième siècle et conserve dans le dix-septième et jusque dans le dix-huitième la petitesse des colonnes et la brisure compliquée des frontons, une grande grâce du style Henri II. Ces formes de la renaissance, mêlées aux chicorées et aux rocailles, donnent au rococo castillan je ne sais quelle originalité qui se compose de noblesse et de caprice.

Cette magnifique tour est un clocher. La vieille église à laquelle elle adhérait a disparu. Qui l'a détruite? N'a-t-elle pas été incendiée dans un des nombreux sièges qu'a soutenus Pampelune?

Je me disais cela, et un angle du clocher, où une brèche profonde semble avoir été creusée par les bombes, confirmait dans mon esprit celle conjecture. Cependant j'ai poussé une porte au pied de la tour, et je suis entré dans une affreuse église de bon goût, du style le plus chétif et le plus pauvre, dans le genre de la Madeleine et du corps de garde du boulevard du Temple. Ceci m'a rendu perplexe. Ne serait-ce pas pour bâtir cette platitude décorée de triglyphes et d'archivoltes qu'on aura démoli la vieille église demi-romane et demi-moresque du treizième siècle?

La « bonne école », hélas! a pénétré jusqu'en Espagne, et cette prouesse serait digne d'elle. Elle a plus défiguré les vieilles cités que tous les sièges et tous les incendies. Je souhaiterais plutôt une grêle de bombes à un monument qu'un architecte de la bonne école. Par pitié, bombardez les anciens édifices, ne les restaurez pas! La bombe n'est que brutale, les maçons classiques sont bêtes. Nos vénérables cathédrales bravent fièrement les obus, les grenades, les boulets ramés et les fusées à la congrève; elles tremblent jusqu'à leurs fondements devant M. Fontaine. Du moins les fusées, les boulets, les grenades et les obus ne sculptent pas de chapiteaux corinthiens, ne creusent pas de cannelures, et ne font pas éclore autour d'un plein cintre roman des oves taillés à neuf. Saint Denis vient d'être restauré et n'est plus Saint-Denis; le Parthénon a été bombardé et est encore le Parthénon.

Les maisons presque toutes bâties en briques jaunes, les toits obtus en tuiles creuses, la poussière qui est dans l'air, les plaines rousses et les montagnes brûlées qui sont à l'horizon, donnent à Pampelune je ne sais quel aspect terreux qui attriste l'œil au premier abord; mais, comme je vous le disais, dans la ville tout le réjouit. Ce goût fantasque de l'ornement, propre aux peuples méridionaux, prend sa revanche sur la devanture de toutes les maisons. Le bariolage des tentures, la gaîté des fresques, les groupes de jolies femmes à demi penchées sur la rue et causant par signes d'un balcon à l'autre, l'étalage varié et bizarre des boutiques, la rumeur joyeuse et le coudoiement perpétuel des carrefours ont quelque chose de vivant et de rayonnant.

A chaque instant se révèle ce goût à la fois sauvage et élégant propre aux nations à demi civilisées. C'est un puits banal dont la margelle en pierre à peine taillée supporte six petites colonnes de marbre blanc surmontées d'une coupole qui sert de piédestal à la statue d'un saint; c'est une madone poupée entourée de peintures, chargée de colifichets, de clinquants, de paillettes, installée sous un dais de damas rouge à l'angle d'un promenoir à arcades blanchies à la chaux.

Ce goût, empreint dans la décoration et l'ameublement des églises, y jette de la grâce et de la lumière. A Pampelune, l'architecture extérieure des monuments étant très austère, l'architecture intérieure évite surtout d'être ennuyeuse. Quant à moi, je lui en sais gré; et à mon sens le plus grand mérite de l'art rocaille et chicorée, ce qui doit lui faire pardonner tous ses vices, c'est l'effort continuel qu'il fait pour plaire et pour amuser.

En mettant à part la cathédrale, dont je vous parlerai tout à l'heure, les églises de Pampelune, quoique vieilles nefs presque toutes, ont conservé peu de traces de leur origine gothique. J'ai pourtant remarqué dans l'une d'elles, au milieu d'une haute muraille, au-dessus d'une porte, un bas-relief du quatorzième siècle qui représente un chevalier partant pour la croisade. L'homme et le cheval disparaissent sous leur caparaçon de guerre. Le chevalier, fièrement morionné, la croix sur l'écu, presse son cheval qui se hâte et qui va en avant. Derrière le baron, sur une colline, on aperçoit son château à tours crénelées, dont la herse est encore levée, dont la porte est encore ouverte, dont il vient de sortir et où peut-être il ne doit jamais rentrer. Au-dessus du donjon est une grosse nuée qui s'entr'ouvre et laisse passer une main, main toute-puissante et fatale, dont le doigt étendu indique au chevalier la route et le but. Le chevalier tourne le dos à cette main et ne la voit pas, mais on devine qu'il la sent. Elle le pousse, elle le tient. Cela est plein de mystère et de grandeur. J'ai cru voir revivre, rudement et superbement taillée dans le granit, la belle romance castillane qui commence ainsi : — « Bernard, la lance au poing, suit en courant les rives de l'Arlanza Il est parti, l'espagnol gaillard, vaillant et déterminé! »

Toutes les églises ont un autel à saint Saturnin qui a été le premier apôtre de Pampelune, et un autre autel à saint Firmin qui en a été le premier évêque. Pampelune est la plus ancienne ville chrétienne de l'Espagne, et en fait vanité, si peut jamais être là une vanité. Ces deux noms, Firmin et Saturnin, ne sont pas seulement dans toutes les églises, ils sont aussi sur toutes les boutiques. A chaque coin de rue on lit : SATURNINO, ROPERO. — FERMIN, SASTRE.

Il y a dans je ne sais plus quelle rue un portail d'hôtel qui m'a frappé. Figurez-vous une large archivolte autour de laquelle rampent, grimpent, se tordent, comme une végétation de pierre, toutes les tulipes bizarres et tous les lotus extravagants que le rococo mêle aux coquilles et aux volutes; maintenant faites sortir de ces lotus et de ces tulipes, au lieu de sirènes écaillées et de naïades toutes nues, des timbaliers coiffés de tricornes et des hallebardiers moustachus, vêtus comme les fantassins du chevalier de Folard; ajoutez à cela des rocailles et des guirlandes au milieu desquelles des canonniers chargent leurs pièces, et des arabesques qui portent délicatement à l'extrémité de leurs vrilles des tambours, des bayonnettes et des grenades qui éclatent; mettez sur cet ensemble le style un peu rond et lourd, mais assez souple, du temps de Charles II, et vous aurez quelque idée du petit poëme militaire et pastoral ciselé sur cette porte. C'est une églogue ornée de boulets de canon.

Le premier objet qu'on cherche du regard quand on voit pour la première fois une ville à l'horizon, c'est la cathédrale. En arrivant à Pampelune, j'avais aperçu de loin, vers l'extrémité orientale de la ville, deux abominables clochers du temps de Charles III, époque qui correspond à notre plus mauvais Louis XV. Ces deux clochers, qui ont l'intention d'être des flèches, sont pareils. Si vous tenez à vous figurer une de ces flèches, imaginez quatre gros tire-bouchons supportant on ne sait quelle vascule pansue et turgescente, laquelle est couronnée d'un de ces pots classiques, vulgairement nommés urnes, qui ont l'air d'être nés du mariage d'une amphore et d'une cruche. Tout cela en pierre. J'étais parfaitement en colère.

— Comment! disais-je, voilà ce qu'ils ont fait de cette cathédrale presque romane de Pampelune qui a vu bâtir la citadelle de Philippe II, qui a vu une arquebuse française blesser Ignace de Loyola, et que Charles d'Évreux, roi de Navarre, avait trouvée si belle qu'il voulut y mettre son tombeau!

J'étais tenté de n'y point aller. Cependant, arrivé à Pampelune et apercevant au bout d'une rue la mine piteuse des deux clochers, un scrupule m'a pris et je me suis dirigé vers le portail.

Vu de près, il est pire encore. Les deux excroissances taillées en trognons de choux et décorées du nom de flèches que je viens de vous esquisser sont portées par une colonnade à laquelle je ne puis rien comparer si ce n'est la colonnade de Saint-Denis du Saint-Sacrement dans notre rue Saint-Louis à Paris. Et ces turpitudes se donnent dans les écoles pour de l'art grec et romain! O mon ami, que le laid est laid quand il a la prétention d'être beau!

J'ai reculé devant cette architecture, et j'allais laisser là l'église lorsqu'en tournant à gauche, j'ai aperçu derrière la façade les hautes murailles noires, les ogives à fenestrages flamboyants, les clochetons délicats, les contreforts robustes de la vénérable cathédrale de Pampelune. J'ai reconnu l'église que j'avais rêvée.

Elle se tient là, comme si elle subissait je ne sais quelle punition, cachée, sombre, triste, humiliée, derrière l'odieux portail dont le « bon goût » l'a affublée. Quel masque que cette façade! Quel bonnet d'âne que ces deux clochers!

Réconcilié et satisfait, je suis entré dans l'édifice par un portail latéral qui est du quinzième siècle, simple, peu orné, mais élégant. Les portes sont semées de clous et de fleurs de lys, et le marteau de fer, composé de dragons qui se mordent, est d'une belle forme byzantine.

L'intérieur de l'église m'a ravi. Il est gothique avec de magnifiques vitraux.

Je vous parlais tout à l'heure d'une entrée d'hôtel qui est un joli petit poëme. La cathédrale de Pampelune est un poëme aussi, mais un poëme grand et beau, et puisque j'ai été amené à cette assimilation qui naît si naturellement entre les choses de l'architecture et les choses de la poésie, permettez-moi d'ajouter que ce poëme est en quatre chants, que j'intitulerais : le maître-autel, le chœur, le cloître, la sacristie.

Au moment où j'entrais dans la cathédrale, il était un peu plus de cinq heures du matin. On venait de l'ouvrir, elle était encore déserte et obscure. Les premiers rayons du soleil levant traversaient horizontalement les vitraux de la haute nef et jetaient d'une ogive à l'autre de grandes poutres d'or qui se découpaient nettement sur le fond sombre et resplendissaient dans la ténébreuse église. Un vieux prêtre tout courbé disait la première messe devant le maître-autel.

Le maître-autel, à peine éclairé par quelques cierges allumés, à demi entouré d'une muraille flottante de tapisseries et de tentures qui se rattachaient aux piliers de l'abside et interceptaient le jour, semblait, dans cette brume qui l'enveloppait, un monceau de pierreries. A l'entour se dressaient toutes sortes de meubles étincelants qu'on ne voit que dans les églises espagnoles, crédences, cabinets, bahuts, buffets en gaîne à petits tiroirs. Au fond, derrière des touffes de lys, au-dessus du maître-autel, au milieu d'une espèce de gloire qui n'était peut-être que du bois doré, mais à laquelle l'heure et le lieu donnaient une majesté étrange, entre les parois éclatantes d'une armoire d'or ouverte à deux battants, rayonnait une madone en robe d'argent, la couronne impériale en tête et l'enfant Jésus dans les bras. J'entrevoyais cela à travers une merveilleuse grille de fer du temps de Jeanne la Folle, ouvragée par les ciseleurs magiciens du quinzième siècle, toute chargée de fleurs, d'arabesques et de figures. Cette grille, haute de plus de vingt pieds et à laquelle on monte par un degré de quelques marches, ferme le sanctuaire du seul côté où le regard puisse y pénétrer.

Rien de plus saisissant, à cette heure sacrée et sublime du matin, que cet homme en cheveux blancs, seul au milieu de cette grande église, vêtu d'habits splendides, parlant à voix basse, feuilletant un livre et faisant une chose mystérieuse dans ce lieu magnifique, obscur, silencieux et voilé. Cette messe se disait pour Dieu, pour l'immensité, et pour une vieille femme qui l'écoutait, blottie derrière un pilier à quelques pas de moi.

Tout cela était grand. Cette vieille église, ce vieux prêtre et cette vieille femme semblaient être une sorte de trinité et ne faire qu'un. Les deux sexes et l'édifice, c'était un symbole auquel rien ne manquait. Le prêtre avait été fort et était brisé, la femme avait été belle et était flétrie, l'édifice avait été complet et était mutilé. L'homme vieilli dans sa chair et dans son œuvre adorant Dieu en présence de ce soleil éblouissant que rien n'attiédit, que rien n'éteint, que rien ne ride, que rien n'altère, dites, ne trouvez-vous pas que c'était grand?

J'étais ému jusqu'au fond du cœur. Aucune pensée discordante ne sortait de ce mélancolique contraste; je sentais au contraire qu'une inexprimable unité s'en dégageait. Certes, il n'y a qu'un mystère bien insondable et bien profond qui puisse unir ainsi dans une intime et religieuse harmonie la décrépitude incurable de la créature et l'éternelle jeunesse de la création.

La messe finie, je me suis retourné et j'ai vu le chœur, qui dans les églises du nord de l'Espagne fait face à l'autel.

Le chœur de la cathédrale de Pampelune, haute et sombre menuiserie du seizième siècle, se compose de deux rangs de stalles qui occupent les trois côtés d'un carré long, dont une grille en fer, magnifique serrurerie du même temps, remplit et ferme le quatrième côté. Derrière chaque stalle est sculpté en plein dans le chêne un des saints de la liturgie. Tout le bois est coupé du ciseau souple et spirituel de la renaissance. Au milieu du petit côté du carré qui fait face à la grille et par conséquent à l'autel, se dresse le trône de l'évêque surmonté d'un charmant clocheton à jour. L'évêque actuel de Pampelune, qui vivait peu d'accord avec Espartero, est en ce moment en France, à Pau, je crois, où il s'est réfugié depuis deux ans.

J'étais fatigué d'avoir marché toute la matinée, je me suis assis sur ce trône vacant. Un trône! ne trouvez-vous pas ce lieu de repos singulièrement choisi? Je l'ai fait pourtant. Le livre de chœur de l'évêque était devant moi sur son pupitre. Je l'ai ouvert. Il était déchiré presque à chaque page.

La grille du chœur, dans laquelle des anges voltigent et des guivres se tordent comme dans un feuillage magique, fait face à la grille du maitre-autel. L'art du quinzième siècle et l'art du seizième sont en présence, tous deux avec leurs caractères les plus tranchés et les plus contraires; l'un est plus délicat, l'autre est plus copieux; on ne sait quel est le plus charmant.

Au centre du chœur, une autre grille de fer, qui ressemble à une grande cage, recouvre et protège, tout en le laissant voir, le cénotaphe de Charles III d'Évreux, roi de Navarre.

C'est un adorable tombeau du quinzième siècle, qui serait digne d'être à Bruges avec les tombes de Marie de Flandre et de Charles le Téméraire, à Dijon avec les tombes des ducs de Bourgogne, ou à Brou avec les tombes des ducs de Savoie. Le motif ne varie pas, mais il est si simple et si beau! Le roi avec son lion, la reine avec son lévrier, sont couchés côte à côte, couronne en tête, sur ce lit de marbre, touchant tombeau conjugal, autour duquel tourne, sous de petites architectures du travail le plus exquis, une procession de figurines éplorées. Une partie du tombeau est odieusement mutilée. Presque toutes les statues sont en deux morceaux.

Sept ou huit missels énormes, de ce format infortiat qui a fourni à Boileau une si belle rime et un si charmant vers, reliés en parchemin et ornés de coins de cuivre, sont rangés autour du cénotaphe et posés à terre comme des boucliers de soldats au repos. Ils sont dressés contre la grille du sépulcre. Il semble que le hasard ait eu une pensée en appuyant les livres de l'église au tombeau.

Un large buffet d'orgue, dans le goût du dernier siècle, fort riche et très doré, domine tout le chœur et ne le gâte pas. Au-dessus on lit ce verset qui est d'ailleurs inscrit sur presque toutes les orgues en Espagne : *Laudate Deum in chordis et organo*. Plus bas est la date : año 1742.

Les chapelles qui entourent le maître-autel et le chœur sont ornées, on pourrait presque dire encombrées, de ces immenses dessus d'autel sculptés et dorés qu'a toujours aimés ce vieux pays catholique. La mode en est excessive. J'ai vu dans une chapelle un de ces dessus d'autels qui était du quinzième siècle, et dans un bas côté un autre du treizième. Au milieu de ce rétable, pendait à trois clous un grand Christ byzantin tout noir, à barbe frisée et à côtes saillantes, affublé d'un vaste jupon de dentelle blanche. Où diable la dentelle va-t-elle se nicher?

Des bannières appliquées au mur, des madones dans des niches de damas rouge, et des tombeaux sculptés dans la muraille à diverses hauteurs complètent l'ameublement de l'église.

En sortant du chœur, je ne sais plus quel effet de clair-obscur m'a attiré à droite vers la porte latérale qui faisait face à celle par laquelle j'étais entré, et je me suis trouvé tout à coup dans un des plus beaux cloîtres que j'aie vus de ma vie.

C'est un vaste quadrilatère, entouré de grandes ogives dont les meneaux dessinent de riches et robustes fenestrages du quatorzième siècle. Quelques-unes de ces ogives portent les traces d'une restauration récente, et intelligente, je m'empresse de le dire. Au-dessus de la galerie ogivale, une deuxième galerie plus basse, à solives sculptées, soutient le toit à tuiles creuses que dépassent çà et là des clochetons de pierre noire d'une forme exquise. La cour du cloître est un jardin, fort bien entretenu, où des buis taillés tracent toutes ces charmantes arabesques des jardins du dix-septième siècle.

Tout est beau dans ce cloître, la dimension et la proportion, la forme et la couleur, l'ensemble et le détail, l'ombre et la lumière. Tantôt c'est une vieille fresque qui anime et fait vivre la muraille, tantôt un sépulcre de marbre rongé par les années, tantôt une porte de chêne raccommodée et rapiécée de façon à mêler curieusement les menuiseries de toutes les époques.

Pendant que je passais, le vent faisait vaciller sur les clôtures de fer du jardin de vieilles fleurs de lys navarraises à demi arrachées, à côté desquelles s'épanouissaient dans tout leur parfum et dans toute leur splendeur les éternelles fleurs de lys du bon Dieu.

Le pavé sur lequel on marche est formé de longues dalles noires. Chaque dalle porte un chiffre et couvre un mort. Il y a quelque chose d'aride et de glacé dans cette façon d'étiqueter les trépassés. Je consens à devenir une poussière, une cendre, une ombre; il me répugne de devenir un chiffre. C'est le néant sans sa poésie; c'est trop le néant.

À l'un des angles du cloître, quelques ogives lancelles, en partie murées, se développent autour d'une sorte de chambre mystérieuse. C'est une chapelle. Mais pourquoi l'avoir séparée de l'église?

Je n'y voyais qu'un ameublement assez délabré, un crucifix, un autel de bois, une lampe de fer-blanc estampé. Cependant j'admirais la grille de fer qui ferme les deux côtés de la chapelle ouverts sur le cloître et qui est un précieux échantillon de la serrurerie drue et compliquée du quatorzième siècle. Cette grille est la curiosité de la chapelle, et par le travail, et par la matière. Ce n'est que du fer pourtant, mais c'est du fer illustre.

A la bataille de Tolosa, le miramolin fit entourer son camp d'une chaîne de fer, que le roi de Navarre brisa d'un coup de hache. Comme la chevelure de Bérénice qui prit rang parmi les étoiles, cette chaîne est demeurée une des constellations du blason. Elle a composé les armoiries du royaume de Navarre, et naguère encore elle avait la moitié de l'écu de France. Or c'est avec le fer de cette chaîne qu'on a fait cette grille. Voilà du moins ce que révèle au passant et ce qu'affirme, dans un écriteau placé au-dessus de la grille, ce quatrain d'un latin un peu barbare et énigmatique :

CINGEBE QVÆ CERNIS CRVCIFIXVM FERREA VINCLA
BARBARICÆ GENTIS FVNERE RVPTA MANENT.
SANCTIVS EXVVIAS DISCERPTAS VINDICE FERRO
HVC, ILLVC SPARSIT STEMATA FRVSTA PIVS. AÑO 1212.

Je n'ai rien à répliquer à ce quatrain, sinon que le travail de la grille dénote le quatorzième siècle et point du tout le treizième.

Ce qui est aussi le quatorzième siècle, c'est le portail intérieur par lequel j'étais entré de l'église au cloître. Là, tympans, voussures, chapiteaux, colonnettes, médaillons, statuettes, tout est du plus beau style de cette belle époque. Ajoutez à cela que, protégé par le cloître contre l'action de l'air et par le hasard contre les badigeonneurs, ce portail a conservé dans tout leur lustre et presque dans toute leur fraîcheur la dorure et la peinture du temps. J'étais émerveillé. — Pardieu! pensais-je, c'est à se mettre à genoux devant!

Je me retourne et je vois quelqu'un qui en effet était « à genoux devant », et à genoux sur la dalle, et qui? une femme d'une quarantaine d'années, belle encore, d'un visage noble, et enveloppée d'une riche mantille de dentelle noire. Comme je la regardais avec surprise, une autre femme, celle-là vieille et déguenillée, entre dans le cloître et vient s'agenouiller près de la première. Puis une troisième. Notez que nous étions hors de l'église. — Voilà, disais-je, qui est adorer bien dévotement l'architecture! — Un peu d'attention m'a tout expliqué. Il y avait sur le meneau du portail une madone-poupée, et à côté sur la muraille cette inscription :

EL EMINEN^mo Sr CARDE
NAL PEREIRA CONCEDIO
80 DIAS DE YNDVLGEN^s
Y EL Sr OBISPO MVRILLO
40 AL QVE REZARE VNA
SALVE DE RODILLAS DE
LANE ESTA Sta YMAGEN
DE N^ra S^ra DE EL AMPARO *

Il est probable que cette inscription est le hasard dont je parlais tout à l'heure et qui a empêché le badigeonnage. La poupée a sauvé le portail.

Comme j'achevais de copier l'inscription, la belle dévote agenouillée s'est levée, et en passant près de moi, presque sans se détourner, m'a dit par-dessus l'épaule : *Cavalier français qui regardez tout, allez donc voir la sacristie.* Puis elle s'est éloignée rapidement.

Je suis rentré dans l'église, j'ai fureté partout, et enfin, à force de pousser toutes les portes, je suis arrivé à la sacristie.

Oh! que c'était bien là en effet une sacristie selon le cœur d'une belle dévote espagnole! Figurez-vous un immense boudoir rocaille, doré, contourné, fleuri, coquet, ambré, charmant. Le papier-tenture imite le damas qu'il a remplacé; le pavé en briques et en pierre imite la mosaïque. Partout de beaux Christs d'ivoire, des Madeleines pâmées, des miroirs penchés, des sofas à gros coussins, des toilettes à pieds de bouc, des encoignures à tablettes de brèche d'Alep; un jour éclatant, des recoins mystérieux; des meubles inconnus et variés; les prêtres qui vont et viennent; les chasubles étincelantes dans les tiroirs entr'ouverts; je ne sais quel parfum de marquis, je ne sais quelle odeur d'abbé, voilà la sacristie de Pampelune.

C'est un digne évêque, le cardinal Antonio Zapata, qui a fait cette galanterie à la cathédrale. La transition est brusque; c'est presque un choc. Dante est dans le cloître, Madame de Pompadour est dans la sacristie.

Après tout, là encore, une chose complète l'autre, et l'harmonie est au fond. La sacristie invite au péché et le cloître à la pénitence.

Déjà les messes se disaient dans toutes les chapelles et l'église se remplissait de fidèles, de femmes surtout. J'en ai fait le tour une dernière fois.

Du côté du grand portail, le chœur est garanti par une grosse muraille à laquelle est adossé un tombeau de marbre blanc. L'épitaphe, en lettres d'or presque effacées indique que là est la dépouille de ce brave don Bonaventure Dumont, comte de Gages, qui battit en maintes rencontres les impériaux et M. de Savoie en personne.

L'une de ces rencontres fait une très belle bataille qu'on voit sculptée en bas-relief au-dessus de l'épitaphe. Il y a là des canons braqués, des chevaux qui se cabrent, des officiers qui commandent, d'épais

---

* Le très éminent seigneur cardinal Pereira a concédé 80 jours d'indulgences et le seigneur évêque Murillo 40 à celui qui récitera un salut à genoux devant cette très sainte image de Notre-Dame de l'Amparo.

bataillons qui croisent leurs piques et ressemblent à des broussailles que mêlerait un vent furieux. Rien d'étrange comme cette mêlée pétrifiée et muette, immobile à jamais dans cette sombre église où l'on entend de temps en temps la crécelle faible et intermittente de l'enfant de chœur.

Ce grand tumulte que fait la bataille et ce grand silence que fait le tombeau laissent dans le cœur un grave enseignement. Voilà donc ce que c'est que la gloire des hommes de guerre dans la mort! Elle se tait. La gloire des poëtes et des penseurs chante et parle éternellement.

Tandis que je rêvais je ne sais quelle rêverie devant cette sépulture, un bruit d'orgue et un chant violent, lugubre et sauvage, éclatant tout à coup à ma gauche dans une chapelle voisine, m'ont fait tourner la tête.

Une bière, que sans doute on venait d'apporter, était posée à terre sur la dalle. On en voyait le bois, à peine caché par un drap noir râpé et troué. Quatre cierges brûlaient à l'entour; trois pains ronds étaient rangés sur une planche à terre, à côté de la tête du cercueil. A quelques pas vers la droite flamboyaient quatre grosses torches de résine, dont la réverbération me montrait confusément, dans une chapelle obscure, le prêtre en chasuble noire à croix blanche disant la messe des morts. Les chants de l'orgue venaient d'en haut comme un bruit surnaturel. On ne pouvait distinguer d'où ils partaient. Autour de moi, une foule de femmes de tout âge, disposées en une sorte de demi-cercle à quelque distance de la bière, toutes gracieusement coiffées et enveloppées de la mantille de soie noire, accroupies sur le pavé de l'église, selon la mode espagnole, dans la molle et charmante attitude des femmes du sérail, l'œil plus souvent levé que baissé, jouaient de l'éventail, écoutaient la messe et regardaient les passants.

Je regardais tour à tour le sépulcre du comte de Gages et ce pauvre enterrement d'un inconnu. Deux néants. L'un honoré, l'autre dédaigné. Mon ami, si les choses que nous appelons inanimées pouvaient tout à coup prendre la parole, quel dialogue entre cette tombe de marbre et cette bière de sapin!

Le soir, je me suis promené sur les remparts, seul et pensif.

Il y a des journées dans la vie qui remuent en nous tout le passé. J'étais plein d'idées inexprimables. L'herbe des contrescarpes agitée par le vent sifflait faiblement à mes pieds. Les canons passaient leurs cous entre les créneaux comme pour regarder la campagne. Les montagnes de l'horizon estompées par le crépuscule avaient pris des formes magnifiques; la plaine était sombre; l'Arga, ridée de mille reflets lumineux, se glissait dans les arbres comme une couleuvre d'argent. En passant devant l'entrée de la ville, j'ai entendu le grincement des chaînes du pont-levis et l'ébranlement sourd de la herse qui retombait. On venait de fermer

le porte. En ce moment la lune se levait. Alors, pardonnez-moi le ridicule de me citer moi-même, ces vers que j'écrivais il y a quinze ans me sont revenus à l'esprit :

> Toujours prête au combat, la sombre Pampelune,
> Avant de s'endormir aux rayons de la lune,
> Ferme sa ceinture de tours.

13 août.

Dans les villes d'Espagne, il y a beaucoup de *ventas*, c'est-à-dire beaucoup de cabarets, quelques *posadas*, c'est-à-dire quelques auberges, et fort peu de *fondas*, c'est-à-dire fort peu d'hôtels. A Saint-Sébastien, il n'y a que la *fonda Ysabel*, ainsi nommée pour la distinguer de l'hôtellerie à la française tenue par un honnête et brave homme nommé Lafitte. A Tolosa et à Pampelune, la *fonda* n'a ni nom ni enseigne. Elle s'appelle simplement la *fonda*; ce qui dit clairement qu'elle est unique.

La chambre que j'occupe dans la *fonda* de Pampelune, *al segundo piso* (au second étage), a deux larges fenêtres qui donnent sur la grande place.

Cette place n'a rien de remarquable. On y bâtit en ce moment, à l'une des extrémités, à l'est, je ne sais quoi de hideux qui ressemble à un théâtre et qui sera en pierre de taille. Je recommande cette chose au premier homme d'esprit qui bombardera Pampelune.

Pardonnez-moi, mon ami, cette lugubre plaisanterie. Je ne l'efface pas, parce qu'elle sort de la nature même des choses. La destinée de toutes les villes d'Espagne n'est-elle pas d'être périodiquement bombardées? L'an dernier Espartero bombardait Barcelone. Cette année Van-Halen bombarde Séville. Qui bombardera l'année prochaine et que bombardera-t-on? je l'ignore. Mais tenez pour certain qu'il y aura un bombardement. Cela étant, je prie pour les habitants, pour les maisons et pour les cathédrales; et, comme il faut faire la part des bombes, je leur abandonne avec joie toutes les copies que je rencontre de notre Bourse de Paris.

Cela dit, revenons à Pampelune et remontons dans ma chambre.

C'est une façon de halle blanchie à la chaux, avec deux lits, dont un large, que les servantes appellent *el matrimonio*. Sur le mur quelques cadres enluminés représentant des amants qui sourient à des époux qui boudent. Une petite table, deux chaises de paille, et une énorme porte, à panneaux contre-butés d'une charpente de chêne, à verrous de prison, à serrure de citadelle.

Il semble qu'en Espagne le cas d'une prise d'assaut soit prévu à chaque étage de chaque maison. Armer sa croisée et ses balcons de persiennes à mailles serrées pour défendre sa femme des galants, et sa porte de ferrures robustes pour défendre sa maison du pillage, voilà le double souci des bourgeois en Espagne; la jalousie fait la fenêtre, et la crainte fait la porte.

La moitié de la grande place de Pampelune est en ce moment occupée, c'est-à-dire envahie, par un colossal échafaudage dressé pour des courses de taureaux qui doivent avoir lieu dans une dizaine de jours, et qui mettent la ville en rumeur. Cette *corrida* durera quatre jours, du 18 au 22 août. Le premier jour il y aura une course de *novillos*, et le dernier jour une *espada* fameuse dans le pays, Muchares, tuera le taureau.

L'amphithéâtre est carré; il masque les rez-de-chaussée de deux côtés de la place, dont les balcons et les fenêtres feront, le jour de la *corrida*, autant de premières et de secondes loges; les greniers seront le paradis. Ce théâtre, car c'en est un, est tout simplement bâti en menuiserie et en charpente, avec d'innombrables gradins, les plus rudes qui soient, et de mes fenêtres je puis distinguer le numérotage des planches.

Ajoutez à cet ensemble deux ou trois diligences dételées et un corps de garde dont le soldat se promène devant la *fonda*, et vous aurez le « paysage » de ma fenêtre.

L'hôtel de ville de Pampelune est un élégant petit édifice du temps de Philippe III. La façade offre un curieux échantillon d'un genre d'ornementation propre au dix-septième siècle en Espagne. Ce sont des arabesques et des volutes plates qu'on dirait découpées sur la pierre à l'emporte-pièce. J'avais déjà vu une maison de cette mode dans l'étrange et lugubre village de Leso. Le fronton de cet hôtel de ville est surmonté de lions, de cloches et de statues qui font un tumulte amusant à l'œil.

Ce qui ne m'a pas moins amusé, c'est la foire, qui se tient en ce moment sur une petite place précisément en face de l'hôtel de ville. Les boutiques en plein vent pleines de doreloteries et de passequilles, les marchandes pleines de paroles joyeuses, les passants coudoyés, les acheteurs affairés, tout ce tourbillon de cris, de rires, d'injures et de chansons qu'on appelle une foire, a sous le soleil d'Espagne plus de rumeur et de gaieté.

Au milieu de cette foule se tenait debout, adossé à un pilier de l'hôtel de ville, un formidable gaillard de haute stature. Ses larges pieds nus sortaient de ses jambières de tricot rouge; une *muleta* de laine blanche à raies garance lui couvrait la tête, l'enveloppait tout entier de ses plis sculpturaux, et ne laissait voir que son visage basané aux pommettes saillantes, au nez carré, aux mâchoires anguleuses, au menton avancé, à la barbe noire et hérissée; figure de bronze florentin avec des yeux de chat sauvage. Au centre de ce bruit et de ce mouvement, cet homme restait immobile, grave et muet. Ce n'était plus un espagnol, c'était déjà un arabe.

A deux pas de cette statue, un italien grimacier, de grosses lunettes sur le nez, montrait des marionnettes et tapait sur un tambour, en chantant sur son tréteau cette antique cadence de Polichinelle, *Fantoccini, buraccini, puppi,* dont nous avons fait en France la villanelle :

Le Pantalon
De Toinon
N'a pas d'fond.

Le Pantalon et le Sauvage se regardaient sans se comprendre, comme deux habitants de deux lunes différentes.

On ne traverse pas une foire, celle-là surtout, sans acheter. Je me suis laissé faire, j'ai ouvert ma bourse, et j'ai envoyé à la *fonda* tout ce qu'on m'a vendu.

A mon retour, j'ai trouvé sur ma table une pacotille complète de colporteur : des amulettes de Saragosse en or, en vermeil, en filigrane, des jarretières à devises de Ségovie, des bénitiers en verre de Bilbao, des veilleuses en fer-blanc de Cauterets, une boîte d'allumettes chimiques de Hernani, une boîte de bâtons résineux qui tiennent lieu de chandelles à Elizondo, du papier de Tolosa, une ceinture de montagnard du col de Pantacose, un bâton de bois ferré, des souliers de corde, et deux *muletas* de Pampelune qui sont d'une laine magnifique, d'un travail grossier et d'un goût exquis.

A part cette foire et quelques carrefours, Pampelune reste morne et silencieuse tout le jour. Mais, dès que le soleil est couché, dès que les vitres et les lanternes s'allument, la ville s'éveille, la vie tressaille partout, la joie étincelle, c'est une ruche en rumeur. Une fanfare à trompettes et à cymbales éclate sur la grande place ; ce sont les musiques de la garnison qui donnent une sérénade à la ville. La ville répond. A tous les étages, à toutes les fenêtres, à tous les balcons, on entend des chants, des voix, des bruits de guitares et de castagnettes. Chaque maison sonne comme un énorme grelot. Ajoutez à cela les angelus de tous les clochers de la ville.

Vous croyez peut-être que cet ensemble est discordant, et que de tous ces concerts mêlés il ne sort qu'un immense charivari parfaitement réussi. Vous vous trompez. Quand une ville se fait orchestre, il en sort toujours une symphonie. Le vent adoucit les tons criards, l'espace éteint les sons faux, tout s'arrange dans l'ensemble, et le résultat est harmonieux. En petit ce serait un vacarme, en grand c'est une musique.

Cette musique égaie la population. Les enfants jouent devant les boutiques; les habitants sortent des maisons ; la grande place se couvre de promeneurs; les prêtres et les officiers abordent les femmes en mantilles; les causeries se cachent derrière les éventails; sous les arcades les muletiers taquinent les maritornes; une douce lueur qui vient de cent fenêtres grandes ouvertes et vivement illuminées éclaire vaguement la place. Cette foule va et vient et se croise dans cette ombre, et rien n'est charmant comme cette discrète mêlée de jolis visages entrevus et de joyeux rires étouffés.

La liberté des prêtres sous ce beau climat n'a rien de scandaleux. C'est une familiarité que les mœurs admettent. Pourtant de ma croisée d'où j'observais tout, j'entendais trois prêtres, coiffés de leurs prodigieux sombreros et enveloppés de leurs vastes capes noires, causer devant la fonda, et je dois avouer que l'un d'eux prononçait le mot *muchachas* d'une façon qui eût fait sourire Voltaire.

Vers dix heures du soir, la place se vide et Pampelune s'endort. Mais la rumeur ne s'éteint pas tout de suite; elle se prolonge, elle ne finit pas avec le sommeil qui commence. On dirait, pendant les premières heures, que ce sommeil vibre encore de toutes les joies de la soirée.

A minuit le silence se fait, et l'on n'entend plus que la voix des serenos criant l'heure qui, au moment où vous vous endormez, éclate brusquement sur la tour voisine, puis se répète éloignée et amoindrie sur une autre tour au bout de la place, puis va s'affaiblissant de clocher en clocher, et s'évanouit dans les ténèbres.

A PAMPELUNE.

XII

LA CABANE DANS LA MONTAGNE

Le soleil se couchait, les brumes commençaient à monter des torrents qu'on entendait bruire profondément dans les ravins perdus. Nulle trace d'habitation. Le col devenait de plus en plus sauvage.

J'étais excédé de fatigue. J'avisai à droite, à mi-côte, à quelques pas du sentier, au pied d'une haute roche à pic, un bloc de marbre blanc à demi enfoncé dans la terre. Un grand sapin mort de vieillesse et tombé de l'escarpement s'était arrêté à ce bloc en roulant sur la pente et le couvrait de son branchage desséché et hideux. Harassé comme je l'étais, ce bloc et cet arbre mort, sur lesquels dans ma pensée j'accrochais, comme des tentes, nos matelas et nos couvertures, me parurent constituer une chambre à coucher très confortable.

J'appelai mes compagnons, qui me devançaient d'une vingtaine de pas, et je leur expliquai mon architecture nocturne, leur déclarant que mon intention était de bivouaquer là. Azcoaga se mit à rire. Irumberri, pour toute réponse, regarda la fumée de son cigare s'envoler au soleil. Escamuturra el Puño (le poing) me prit la main :

— Y pensez-vous, seigneur français? et y êtes-vous résolu?

— Je ne suis pas résolu, dis-je, je suis éreinté.

— Vous voulez coucher là!

— Je me résigne à coucher là.

— Bah! mais regardez donc de quoi votre logis sera fait. Il n'y a que les morts qui couchent dans des chambres de marbre et de sapin.

Les montagnards comme les marins sont superstitieux. Or je déclare que dans la montagne je suis montagnard et que sur mer je suis marin, c'est-à-dire superstitieux dans les deux cas et sans raisonner, superstitieux tout bonnement, de la façon dont on l'est autour de moi. La réflexion sépulcrale d'Escamuturra me fit rêver.

— Allons, reprit-il, quelques pas encore, amigo. Je vous jure, seigneur, qu'à un demi-quart de lieue d'ici nous allons trouver bon gîte.

— Un demi-quart de lieue d'Espagne! m'écriai-je.

Il est six heures du soir, nous arriverons à minuit. Escamuturra me répondit avec gravité :

— Nous arriverons à minuit si le diable allonge le chemin, et dans vingt minutes si le français allonge le pas.

— Andamos, dis-je.

La caravane se remit en marche.

Le soleil se coucha, le crépuscule vint; pourtant je dois dire que le diable n'allongea pas le chemin. Nous gravissions depuis environ une demi-heure un sentier escarpé serpentant entre des blocs de granit dont on eût dit qu'un géant avait ensemencé le flanc de la montagne. Tout à coup une pelouse se présenta, la pelouse la plus douce, la plus fraîche, la plus agréable au pied et la plus inattendue.

Escamuturra se tourna vers moi.

— Nous voici arrivés, me dit-il.

Je regardai devant moi pour voir où nous étions arrivés, et je ne vis rien que la ligne sombre et nue de la montagne. La pelouse était resserrée comme une avenue entre deux murailles basses de pierres sèches que je n'avais pas aperçues d'abord.

Cependant mes compagnons avaient doublé le pas, et j'avais fait comme eux.

Bientôt je vis monter peu à peu, comme une chose qui sort de terre et se dessiner sur le ciel clair du crépuscule une sorte de bosse anguleuse et obscure qui ressemblait à un toit surmonté d'une cheminée.

C'était en effet une maison cachée dans un pli de la montagne.

Tout en approchant, je la regardai. Le jour n'était pas complètement éteint. Je faisais ce qu'on appelle en style stratégique une reconnaissance.

La maison était assez grande et bâtie, comme les clôtures de la pelouse, en pierres sèches mêlées de blocs de marbre; le toit de chaume tailladé imitait un escalier. J'ai retrouvé depuis cette mode dans de pauvres hameaux des Pyrénées.

Au bas du mur tourné vers la pente de la montagne, il y avait un trou carré par où sortait une petite nappe d'eau limpide et fraîche qui tombait sur le rocher et allait se perdre dans le ravin avec un bruit vivant et joyeux.

La porte massive et basse était fermée. Il n'y avait qu'une fenêtre, percée à côté de la porte, très étroite et bouchée aux trois quarts avec des briques grossièrement maçonnées.

Ce pauvre logis avait, comme toutes les habitations isolées du Guipuzcoa et de la Navarre, un air de forteresse ; mais c'était plutôt de la défiance que de la sûreté, car le toit de chaume était à hauteur d'appui, et l'on pouvait forcer la place à se rendre sans autre artillerie qu'une allumette chimique.

Du reste, aucune lumière à l'intérieur, aucune voix, aucun pas, aucun bruit. Ce n'était pas une maison, c'était une masse noire, muette et morne comme une tombe.

Escamuturra mit pied à terre, s'approcha de la porte et se mit à siffler doucement la première partie d'une mélodie bizarre et charmante. Puis il s'arrêta court, et attendit.

Rien ne bougea dans la cabane. Pas un souffle ne répondit. La nuit, qui était tout à fait tombée, ajoutait je ne sais quoi de morne et de funèbre à ce silence si mystérieux et si profond.

Escamuturra recommença sa mélodie ; puis, arrivé à la même note, il s'arrêta. La cabane garda le silence. Escamuturra recommença une troisième fois, plus doucement encore, sifflant pour ainsi dire tout bas.

Nous étions tous les quatre inclinés vers la porte et nous prêtions l'oreille. J'avoue que je retenais mon haleine et que le cœur me battait un peu.

Tout à coup, comme Escamuturra finissait, l'autre partie de la mélodie se fit entendre derrière la porte dans la maison, mais sifflée si faiblement et si bas que cela était plus singulier peut-être et plus effrayant encore que le silence. C'était lugubre à force d'être doux. On eût dit le chant d'un esprit dans un sépulcre.

El Puño frappa trois fois dans ses mains.

Alors une voix d'homme s'éleva dans la cabane, et voici le dialogue laconique et rapide qui s'échangea dans l'ombre en langue basque entre cette voix qui interrogeait et Escamuturra qui répondait :

— Zuec? (Vous?)
— Guc. (Nous.)
— Nun ? (Où?)
— Emen. (Ici.)
— Cembat : (Combien?)
— Lau. (Quatre.)

Une étincelle brilla dans l'intérieur du logis, une chandelle s'alluma, et la porte s'ouvrit. Lentement et bruyamment, car elle était barricadée.

Un homme parut sur le seuil de la porte.

Il tenait à la main et il élevait au-dessus de sa tête un gros chandelier de fer dans lequel brûlait une torche de résine.

C'était un de ces visages basanés et brûlés qui n'ont point d'âge ; il pouvait avoir trente ans, il en pouvait avoir cinquante. Du reste, de belles dents, l'œil vif et un sourire agréable, car il souriait. Un mouchoir rouge lui ceignait le front, selon la mode des muletiers aragonais, et serrait sur ses tempes ses cheveux épais et noirs. Il avait le sommet de la tête rasé, une large muleta blanche qui le couvrait du menton jusqu'aux genoux, une culotte courte de velours olive, des jambières de laine blanche à boutonnières noires, des souliers de corde et les pieds nus.

La grosse mèche de résine agitée par le vent déplaçait rapidement l'ombre et la lumière sur cette figure. Rien de plus étrange que ce sourire cordial dans ce flamboiement sinistre.

Tout à coup il m'aperçut, et le sourire disparut comme s'éteint une lampe sur laquelle on souffle. Son sourcil s'était froncé, son regard restait fixé sur moi. Il ne prononçait pas une parole.

Escamuturra lui toucha l'épaule de la main, et lui dit à demi-voix en me désignant du pouce :

— Adisquidea. (Un ami.)

L'homme se rangea pour me laisser entrer, mais son sourire ne reparut pas.

Cependant Azcoaga et Irumberri avaient poussé les mules dans la cabane ; Escamuturra et l'hôte causaient à voix basse dans un coin. La porte s'était refermée, et Irumberri en avait soigneusement refait la barricade comme s'il était habitué à cette besogne.

Pendant qu'Azcoaga déchargeait sa mule, je m'étais assis sur un ballot d'où je considérais l'intérieur du logis.

La maison ne contenait qu'une chambre, où nous étions, mais cette chambre contenait un monde.

C'était une grande salle basse dont le plafond, composé de lattes et de voliges appuyées çà et là sur des poutres faisant piliers, laissait passer et pendre par longs brins le foin dont était rempli le haut de la maison dans l'angle du toit. Des cloisons à claire-voie, ressemblant plutôt à des treillis qu'à des cloisons, dessinaient dans cette salle des compartiments capricieux.

L'un de ces compartiments, à gauche de la porte, comprenait un angle de la cabane, la fenêtre, la cheminée, énorme caverne de pierres noircies par le feu, et le lit, c'est-à-dire une façon de cercueil dans lequel grimaçaient les mille plis d'une paillasse bistre et d'une couverture rousse. C'était la chambre à coucher.

Vis-à-vis la chambre à coucher, un autre compartiment contenait un veau couché sur du fumier et quelques poules endormies dans une espèce de boîte. C'était l'étable.

A l'angle opposé, dans un troisième compartiment, s'amoncelait une pyramide informe de souches hérissées et de fagots épineux, provision de bois pour l'hiver. Quelques outres de vin et des harnachements de mulets étaient rangés avec un certain soin auprès des fagots. C'était le cellier.

Il y avait une carabine dans l'angle du mur voisin

de la fenêtre, entre le cellier et l'étable ; mais, dans un dernier compartiment encombré de fouillis de toutes sortes, vieilles muletas, vieux paniers, tambour de basque crevé, guitares sans cordes, je vis reluire sous une botte de guenilles la poignée d'une navaja, fine, noire et galonnée de cuivre comme la manche d'un andalou. Je distinguai dans l'ombre à côté deux ou trois canons de carabines enfouies sous des chiffons, et une sorte de trompe de métal évasée et large que je pris d'abord pour l'extrémité d'un clairon de montagne, et qui était un tromblon. Ce tas de chiffons était l'arsenal.

Un grand bloc de rocher qui emplissait l'angle à droite de la porte, et sur lequel le mur était maçonné, faisait une pente de granit dans l'intérieur de la cabane et servait de chevet à quelques bottes de paille jetées à terre. C'était là sans doute l'hôtellerie.

Un enfant tout nu, qui dormait probablement sur cette paille et que notre arrivée avait réveillé, s'était accroupi sur la pente de granit, les genoux serrés contre la poitrine et les bras croisés sur les genoux, et nous regardait avec des yeux effarés. Dans le premier moment je le pris pour un gnome ; puis je reconnus que c'était un singe ; enfin je découvris que c'était un enfant.

Deux hauts chenets de fer ouvragé, rouillés par le feu et la pluie, apparaissaient dans la cheminée debout sur leurs quatre pieds massifs et dressaient à l'extrémité de leurs longs cous deux gueules ouvertes. On eût dit les deux dragons du logis prêts à aboyer ou à mordre.

Du reste, il n'y avait dans la cabane d'autre ustensile de cuisine qu'une poêle à frire suspendue dans la cheminée, laquelle, avec le chandelier de fer, les chenets et le lit, composait tout le mobilier.

Une jarre d'huile était près du lit, et à côté de la porte une autre jarre pleine de lait. Au rebord de la jarre de lait s'accrochait une sébile de bois de la forme la plus élégante et la plus pure. C'était presque une écuelle étrusque.

Deux chats maigres et jaunes et que, comme l'enfant, nous avions réveillés, rôdaient autour de nous d'un air menaçant. A la façon dont ils nous regardaient, il était clair qu'ils n'eussent pas mieux demandé que d'être des tigres.

J'ai quelque idée qu'un porc grognait dans un coin noir.

La maison avait cette odeur sucrée et fade qui s'exhale de toutes les cabanes espagnoles.

D'ailleurs, ni une table, ni une chaise. Qui entrait la restait debout ou s'asseyait à terre. Qui avait un ballot s'asseyait dessus. Dans ce logis, le mot *se mettre à table* n'avait aucun sens ; je restai quelques instants abîmé dans cette réflexion mélancolique. Je mourais de faim.

En pareil cas les pensées tristes viennent de l'estomac.

Un petit bruit gracieux, une sorte de gazouillement discret et continu que j'avais entendu depuis mon entrée dans la cabane me tira de ma rêverie. Quand on n'a pas de quoi dîner, que faire en un gîte à moins qu'on ne regarde ? Je regardai donc, mais je ne pouvais découvrir d'où venait ce bruit.

Enfin, comme mes yeux se baissaient vers la terre, je distinguai dans l'obscurité une sorte de frémissement métallique, une ligne de moire lumineuse, et je reconnus qu'un ruisseau traversait la cabane de part en part.

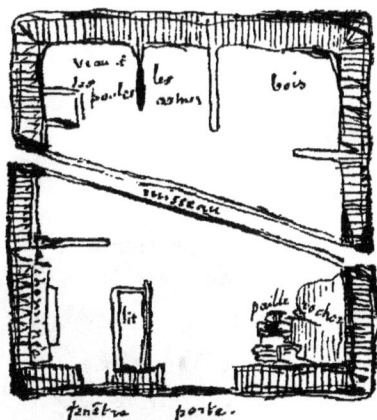

Ce ruisseau, qui coulait rapidement, sur un plan oblique et incliné, dans une poutre creuse enfoncée à fleur de terre, débouchait dans la cabane par un trou fait dans un mur et sortait par le mur opposé. Là il faisait dans le ravin la petite chute d'eau que j'avais remarquée en arrivant.

Chambre singulière où la montagne semblait se sentir chez elle et entrait familièrement ; le rocher s'y logeait, le ruisseau y passait.

Pendant que je faisais ces observations dans l'attitude élégiaque d'un homme rêveur qui n'a pas soupé, les mules, déchargées et démuselées, arrachaient paisiblement les longs brins de foin qui pendaient du plafond.

Ce que voyant, Escamuturra fit signe à l'hôte, qui les poussa vers le fond de la cabane et leur jeta à chacune une botte de fourrage.

Cependant mes compagnons s'étaient installés, qui sur un ballot comme moi, qui sur une selle posée à terre ; Azcoaga s'était couché tout de son long, enveloppé de sa muleta.

L'hôte avait échafaudé dans la cheminée des fagots de genêts sur un monceau de fougères sèches. Il en approcha son flambeau de résine ; en un clin d'œil un grand feu pétillant monta dans l'âtre avec des tourbillons d'étincelles, et une belle lueur flambante et vermeille, emplissant la cabane, fit saillir en relief sur les enfoncements sombres les croupes des mules, la cage aux poules, le veau endormi, les espingoles cachées, le rocher, le ruisseau, les brins de paille pendant du plafond comme des fils d'or, les âpres visages de mes compagnons et les yeux hagards de l'enfant effarouché.

Les deux chenets noirs à gueules de monstres se détachaient sur un fond de braise ardente et semblaient deux chiens de l'enfer haletant dans la fournaise.

Mais rien de tout cela, je l'avoue, n'attirait mon attention; elle était ailleurs tout entière.

Un grand événement venait de s'accomplir dans la cabane.

L'hôte avait décroché du clou la poêle à frire!

XIII

CAUTERETS

A LOUIS B.

Cauterets.

Je vous écris, cher Louis, avec les plus mauvais yeux du monde. Vous écrire pourtant est une douce et vieille habitude que je ne veux pas perdre. Je ne veux pas laisser tomber une seule pierre de notre amitié. Voilà vingt-cinq ans bientôt que nous sommes frères, frères par le cœur, frères par la pensée. Nous voyons la création avec les mêmes yeux, nous voyons l'art avec le même respect. Vous aimez Dante comme j'aime Raphaël. Nous avons traversé ensemble bien des jours de lutte et d'épreuve sans faiblir dans notre sympathie, sans reculer d'un pas dans notre dévouement. Restons donc jusqu'au dernier jour ce que nous avons été le premier. Ne changeons rien à ce qui a été si bon et si doux. A Paris, serrons-nous la main; absents, écrivons-nous.

J'ai besoin quand je suis loin de vous qu'une lettre vous aille dire quelque chose de ce que je vois, de ce que je pense, de ce que je sens. Cette fois elle sera plus courte, c'est-à-dire moins longue qu'à l'ordinaire. Mes yeux me forcent à ménager les vôtres. Ne vous plaignez pas, vous aurez moins de grimoire et autant d'amitié.

Je viens de la mer et je suis dans la montagne. Ce n'est, pour ainsi dire, que changer d'émotion. Les montagnes et la mer parlent au même côté de l'esprit.

Si vous étiez ici (je ne puis m'empêcher de faire constamment ce rêve), quelle vie charmante nous mènerions ensemble! quels tableaux vous remporteriez dans votre pensée pour les rendre ensuite à l'art plus beaux encore que la nature ne vous les avait donnés!

Figurez-vous, Louis, que je me lève tous les jours à quatre heures du matin, et qu'à cette heure sombre et claire tout à la fois je m'en vais dans la montagne. Je marche le long d'un torrent, je m'enfonce dans une gorge la plus sauvage qu'il y ait, et, sous prétexte de me tremper dans de l'eau chaude et de boire du soufre, j'ai tous les jours un spectacle nouveau, inattendu et merveilleux.

Hier, la nuit avait été pluvieuse. L'air était froid, les sapins mouillés étaient plus noirs qu'à l'ordinaire. Les brumes montaient de toutes parts des ravins comme les fumées des fêlures d'une solfatare. Un bruit hideux et terrible sortait des ténèbres, en bas, dans le précipice, sous mes pieds; c'était le cri de rage du torrent caché par le brouillard. Je ne sais quoi de vague, de surnaturel et d'impossible se mêlait à ce paysage; tout était ténébreux et comme pensif autour de moi; les spectres immenses des montagnes m'apparaissaient par les trous des nuées comme à travers des linceuls déchirés. Le crépuscule n'éclairait rien; seulement, par une crevasse au-dessus de ma tête, j'apercevais au loin dans l'infini un coin du ciel bleu, pâle, glacé, lugubre et éclatant. Tout ce que je distinguais de la terre, rochers, forêts, prairies, glaciers, se mouvait pêle-mêle dans les vapeurs et semblait fuir, emporté par le vent à travers l'espace dans un gigantesque réseau de nuages.

Ce matin, la nuit avait été sereine. Le ciel était étoilé, mais quel ciel et quelles étoiles! vous savez, cette fraîcheur, cette grâce, cette transparence mélancolique et inexprimable du matin, les étoiles claires sur le ciel blanc, une voûte de cristal semée de diamants. A cette voûte lumineuse s'appuyaient de toutes parts les énormes montagnes, noires, velues, difformes. Celles de l'orient découpaient à leur sommet sur le plus vif de l'aube leurs sapins qui ressemblaient à ces feuilles dont les pucerons ne laissent que les fibres et font une dentelle. Celles de l'occident, noires à leur base et dans presque toute leur hauteur, avaient à leur cime une clarté rose. Pas un nuage, pas une vapeur. Une vie obscure et charmante animait le flanc ténébreux des montagnes ; on y distinguait l'herbe, les fleurs, les pierres, les bruyères, dans une sorte de fourmillement doux et joyeux. Le bruit du gave n'avait plus rien d'horrible, et était un grand murmure mêlé à ce grand silence. Aucune pensée triste, aucune anxiété ne sortait de cet ensemble plein d'harmonie. Toute la vallée était comme dans une urne immense où le ciel, pendant les heures sacrées de l'aube, versait la paix des sphères et le rayonnement des constellations.

Il me semble, mon ami, que ces choses-là sont plus que du paysage. C'est la nature entrevue à de certains moments mystérieux où tout semble rêver, j'ai presque dit penser, où l'aube, le rocher, le nuage et le buisson vivent plus visiblement qu'à d'autres heures et semblent tressaillir du sourd battement de la vie universelle.

Vision étrange et qui est pour moi bien près d'être une réalité : aux instants où les yeux de l'homme sont fermés, quelque chose d'inconnu apparaît dans la création. Ne le croyez-vous pas comme moi ? Ne dirait-on pas qu'aux moments du sommeil, quand la pensée cesse dans l'homme, elle recommence dans la nature ? Est-ce que le calme est plus profond, le silence plus absolu, la solitude plus complète, et qu'alors le rêveur qui veille peut mieux saisir dans ses détails subtils et merveilleux le fait extraordinaire de la création ? ou bien y a-t-il en effet quelque révélation, quelque manifestation de la grande intelligence entrant en communication avec le grand tout, quelque attitude nouvelle de la nature ? La nature se sent-elle mieux à l'aise quand nous ne sommes pas là ? se déploie-t-elle plus librement ?

Il est certain qu'en apparence du moins, il y a pour les objets que nous nommons inanimés une vie crépusculaire et une vie nocturne. Cette vie n'est peut-être que dans notre esprit ; les réalités sensibles se présentent à nous à de certaines heures sous un aspect inusité ; elles nous émeuvent ; il s'en fait un mirage au dedans de nous, et nous prenons les idées nouvelles qu'elles nous suggèrent pour une vie nouvelle qu'elles ont.

Voilà les questions. Décidez. Quant à moi, je me borne à rêver. Je voue mon esprit à contempler le monde et à étudier les mystères. Je passe ma vie entre un point d'admiration et un point d'interrogation.

XIV

GAVARNIE

Lorsqu'on a passé le pont des Darroucats et qu'on n'est plus qu'à un quart d'heure de Gèdre, deux montagnes s'écartent tout à coup et vous découvrent une chose inattendue.

Vous avez visité peut-être les Alpes, les Andes, les Cordillères ; vous avez depuis quelques semaines les Pyrénées sous les yeux ; quoi que vous ayez pu voir, ce que vous apercevez maintenant ne ressemble à rien de ce que vous avez rencontré ailleurs. Jusqu'ici, vous avez vu des montagnes ; vous avez contemplé des excroissances de toutes formes, de toutes hauteurs ; vous avez exploré des croupes vertes, des pentes de gneiss, de marbre ou de schiste, des précipices, des sommets arrondis ou dentelés, des glaciers, des forêts de sapins mêlées à des nuages, des aiguilles de granit, des aiguilles de glace ; mais, je le répète, vous n'avez vu nulle part ce que vous voyez en ce moment à l'horizon.

Au milieu des courbes capricantes des montagnes hérissées d'angles obtus et d'angles aigus, apparaissent brusquement des lignes droites, simples, calmes, horizontales et verticales, parallèles ou se coupant en angles droits, et combinées de telle sorte que de leur ensemble résulte la figure éclatante, réelle, pénétrée d'azur et de soleil, d'un objet impossible et extraordinaire.

Est-ce une montagne ? Mais quelle montagne a jamais présenté ces surfaces rectilignes, ces plans réguliers, ces parallélismes rigoureux, ces symétries étranges, cet aspect géométrique ?

Est-ce une muraille ? Voici des tours en effet qui la contre-butent et l'appuient, voici des créneaux, voilà les corniches, les architraves, les assises et les pierres que le regard distingue et pourrait presque compter, voilà deux brèches taillées à vif qui éveillent dans l'esprit des idées de sièges, de tranchées et d'assauts ; mais voilà aussi des neiges, de larges bandes de neige posées sur ces assises, sur ces créneaux, sur ces architraves et sur ces tours. Nous sommes au cœur de l'été et du midi ; ce sont donc des neiges éternelles ? Or, quelle muraille, quelle architecture humaine s'est jamais élevée jusqu'au niveau effrayant des neiges éternelles ? Babel, l'effort du genre humain tout entier, s'est affaissée sur elle-même avant de l'avoir atteint.

Qu'est-ce donc que cet objet inexplicable qui ne peut pas être une montagne et qui a la hauteur des montagnes, qui ne peut pas être une muraille et qui a la forme des murailles ?

C'est une montagne et une muraille tout à la fois ; c'est l'édifice le plus mystérieux du plus mystérieux des architectes ; c'est le colosseum de la nature ; c'est Gavarnie.

Représentez-vous cette silhouette magnifique telle qu'elle se révèle d'abord à une distance de trois lieues : une longue et sombre muraille dont toutes les saillies, toutes les rides sont marquées par des lignes de neige, dont toutes les plates-formes portent des glaciers. Vers le milieu, deux grosses tours ; l'une qui est au levant, carrée et tournant un de ses angles vers la France ; l'autre qui est au couchant, comme si c'était moins une tour qu'une gerbe de tourelles ; toutes deux couvertes de neige. A droite, deux profondes entailles, les brèches, qui découpent dans la muraille comme deux vases qu'emplissent les nuées. Enfin, toujours à droite et à l'extrémité occidentale, une sorte de rebord énorme plissé de mille gradins, qui offre à l'œil, dans des proportions monstrueuses, ce qu'on appellerait en architecture la coupe d'un amphithéâtre.

Représentez-vous cela comme je le voyais : la muraille noire, les tours noires, la neige éclatante, le ciel bleu; une chose complète enfin, grande jusqu'à l'inouï, sereine jusqu'au sublime.

C'est là une impression qui ne ressemble à aucune autre; si singulière et si puissante à la fois qu'elle efface tout le reste et qu'on devient pour quelques instants, même quand cette vision magique a disparu dans un tournant de chemin, indifférent à tout ce qui n'est pas elle.

Le paysage qui vous entoure est cependant admirable; vous entrez dans une vallée où toutes les magnificences et toutes les grâces vous enveloppent.

Des villages en deux étages, comme Tracy-le-Haut et Tracy-le-Bas, Gèdre-Dessus et Gèdre-Dessous, avec leurs pignons en escaliers et leur vieille église des Templiers, se pelotonnent et se déroulent sur le flanc de deux montagnes, le long d'un gave blanc d'écume, sous les touffes gaies et fantasques d'une végétation charmante. Tout cela est vif, ravissant, heureux, exquis. C'est la Suisse et la Forêt-Noire qui se mêlent brusquement aux Pyrénées. Mille bruits joyeux vous arrivent comme les voix et les paroles de ce doux paysage; chants d'oiseaux, rires d'enfants, murmures du gave, frémissement des feuilles, souffles apaisés du vent.

Vous ne voyez rien, vous n'entendez rien; à peine percevez-vous de ce gracieux ensemble quelque impression douteuse et confuse. L'apparition de Gavarnie est toujours devant vos yeux et rayonne dans votre pensée comme ces horizons surnaturels qu'on voit quelquefois au fond des rêves.

—

Le soir, en revenant de Gavarnie, je note un moment admirable. Voici ce que je contemple de ma fenêtre :

Une grande montagne remplit la terre; un grand nuage remplit le ciel. Entre le nuage et la montagne, une bande mince du ciel crépusculaire, clair, vif, limpide, et Jupiter étincelant, caillou d'or dans un ruisseau d'azur. Rien de plus mélancolique et de plus rassurant et de plus beau que ce petit point de lumière entre ces deux blocs de ténèbres.

XV

LUZ

Luz est une charmante vieille ville, — chose rare dans les Pyrénées, — délicieusement située dans une profonde vallée triangulaire. Trois grands rayons de jour y entrent par les trois embrasures des trois montagnes.

Quand les miquelets et les contrebandiers espagnols arrivaient d'Aragon par la brèche de Roland et par le noir et hideux sentier de Gavarnie, ils apercevaient tout à coup à l'extrémité de la gorge obscure une grande clarté, comme est la porte d'une cave à ceux qui sont dedans. Ils se hâtaient et trouvaient un gros bourg éclairé de soleil et vivant. Ce bourg, ils l'ont bien nommé *Lumière*, Luz.

Il y a là une rare et curieuse église bàtie par les Templiers ; forteresse autant qu'église, avec son enceinte crénelée et sa porte donjon.

J'ai tourné autour, entre l'église et le mur crénelé. Là est le cimetière, semé de grandes ardoises où des croix et des noms de montagnards creusés avec un clou s'effacent sous la pluie, la neige et les pieds des passants.

Une porte, aujourd'hui murée, .était la porte des cagots. Les cagots ou goîtreux étaient parias. Leur porte était basse, autant qu'on en peut juger par la ligne vague que dessinent les pierres qui la murent.

Le bénitier extérieur est un charmant petit bénitier byzantin auquel adhèrent encore deux chapiteaux presque romans.

Je me suis arrêté à une inscription de tombeau effacée par le temps, rayée au couteau, couverte de poussière. On y distingue quelque mots espagnols. *Aqui. Abris.* Cependant les mots *filla de...* semblent indiquer le patois. J'ai à peu près déchiffré la dernière ligne, qui du reste ne présente aucun sens :

SUB DESERA LO FE

Les corbeaux du mur extérieur de l'abside portent des dessins curieux. Le portail principal, qui représente Jésus entre les quatre animaux symboliques, est du plus beau roman, ferme, robuste, puissant, sévère. Il y a des restes de peintures sur le mur figurant des mosaïques et des édifices. L'intérieur de l'église est une grange quelconque.

Sous la voûte du portail de la tour d'entrée, des peintures byzantines, restaurées et à demi blanchies à la chaux, ont perdu beaucoup de leur caractère. Au haut de la voûte, le Christ, avec la couronne impériale. Au-dessous, des anges du jugement soufflent de leurs trompettes. Cette inscription : SVRGITE. MORTVY. VENYTE. AD. JUDICIUM. Aux quatre coins, quelques vestiges des quatre évangélistes. Le bœuf, avec l'inscription SANC. LVC. L'aigle, avec SANC... La moisissure a fait une nuée où le reste se perd. Le lion ailé, d'un beau style, avec l'inscription SANT MARC. Dans l'ombre, une tête d'ange avec un reste de légende... CTE MYCHAEL.

A PAU

Vieille maison au bas de la terrasse du château.
A vu naître Henri IV.

XVI

L'ILE D'OLÉRON

» septembre.

Figurez-vous une glace appliquée sur le sol et une échelle couchée sur cette glace, ou mieux encore une fenêtre posée à plat avec son châssis et ses vitres; donnez à cette fenêtre un quart de lieue de tour, vous avez un marais salant. Quand la vitre se dépolit, c'est que le sel se fait.

Représentez-vous une langue de terre longue, plate, étroite, qui, vue à vol d'oiseau, apparaîtrait au regard couverte de ces immenses fenêtres laissant à peine entre elles d'étroites bandes de terre aux ajoncs et aux tamarins; çà et là quelques prairies, quelques champs de vigne, qu'on engraisse avec des varechs et qui donnent un vin huileux et amer, quelques bouquets d'arbres, quelques sentiers; de loin en loin, des villages blancs le long de la plage; du côté de la France, une bordure de fortifications; du côté de l'Océan, un escarpement qu'on appelle la côte sauvage, à la pointe sud, des dunes semées de pins qui annoncent le voisinage des grandes landes; couvrez cette terre de brumes grises et sales qui montent des marais de toutes parts; vous avez l'île d'Oléron.

Si, après avoir contemplé l'ensemble, vous considérez le détail, la tristesse croît à chaque pas que vous faites, et vous vous sentez étreindre d'un morne serrement de cœur.

Une grève de boue, un horizon désert, deux ou trois moulins qui tournent pesamment; un bétail maigre dans un pâturage chétif; sur le bord des marais les tas de sel, cônes gris ou blancs selon qu'ils sont recouverts de chaume pour passer l'hiver ou exposés au soleil pour sécher; sur le seuil des maisons les filles belles et pâles, les enfants livides, les hommes abattus et frissonnants, peu de vieillards, la fièvre partout; voilà le petit monde lugubre dans lequel vous vous enfoncez.

On n'arrive pas aisément à l'île d'Oléron. Il faut le vouloir. On ne conduit ici le voyageur que pas à pas; il semble qu'on veuille lui donner le temps de réfléchir et de se raviser.

De Rochefort, on le mène à Marennes, dans une façon d'omnibus qui part de Rochefort deux fois par jour. C'est une première initiation.

Trois lieues dans les marais salants. De vastes plaines où s'élèvent, comme deux obélisques dans un cimetière, les beaux clochers anglais à aiguilles de pierre de Moise et de Marennes; tout le long de la route, des flaques d'eau verdissante; à tous les champs, qui sont des marais, d'énormes clôtures cadenassées; aucun passant; de temps en temps un douanier le fusil au poing debout devant sa cabane de terre et de broussailles avec un visage blême et consterné; pas d'arbres; nul abri contre le vent et la pluie si c'est l'hiver, contre le soleil si c'est la canicule; un froid glacial ou une chaleur de fournaise; au milieu des marais, le village malsain de Brouage enfoncé dans son carré de murailles, avec ses ruines du temps des guerres de religion, ses maisons basses, blanchies comme les sépulcres dont parle la bible, et ses spectres qui grelottent devant les portes en plein midi. C'est là le premier trajet.

Si vous persistez, à Marennes un cocher de coucou s'empare de vous, vous introduit, vous quinzième, dans un récipient fait pour contenir au plus six personnes; et ces quinze patients dans l'intérieur et une montagne de paquets sur l'impériale s'en vont, au trot boiteux et chancelant d'un unique cheval, à travers les landes et les bruyères jusqu'à la Pointe.

Là, si vous persistez encore, on vous débarque ou l'on vous embarque, choisissez le mot que vous voudrez, dans un de ces bacs chanceux que les gens du pays appellent des *risque-tout*. Cela a trois matelots, quatre avirons, deux mâts et deux voiles dont l'une se nomme le taille-vent. Vous avez deux lieues de mer à faire sur cette planche. Les marins qui chargent le bateau commencent par mettre en sûreté dans le meilleur compartiment les bœufs, les chevaux, les charrettes; puis on case les bagages; puis dans les espaces qui restent, entre les cornes d'un bœuf et les roues d'un chariot, on insère les voyageurs.

Là vous rêvez, à la discrétion du vent, du soleil ou

de la pluie. Pendant le trajet vous entendez râler les passagers fiévreux ou mugir le pertuis de Maumusson qui est à la pointe de l'île et que les marins écoutent de quinze lieues. Pour distraction, on vous explique ce bruit.

Le pertuis de Maumusson est un des nombrils de la mer. Les eaux de la Seudre, les eaux de la Gironde, les grands courants de l'Océan, les petits courants de l'extrémité méridionale de l'île pèsent là à la fois de quatre points différents sur les sables mouvants que la mer a entassés sur la côte et font de cette masse un tourbillon. Ce n'est pas un gouffre, la mer paraît plane et unie à la surface, à peine y distingue-t-on une flexion légère ; mais on entend sous cette eau tranquille un bruit formidable.

Tout gros navire qui touche le pertuis est perdu. Il s'arrête court, puis il s'enfonce lentement, s'enfonce toujours et décroît de hauteur peu à peu. Bientôt on ne voit plus les sabords, puis le pont plonge sous la vague, puis les vergues et les huniers, on ne distingue plus que la pointe du mât, puis une petite ride se fait dans la mer, tout a disparu. Rien ne peut arrêter dans son mouvement lent et terrible la redoutable spirale qui a saisi le navire.

Cependant les embarcations qui calent peu d'eau traversent hardiment le pertuis. Sans danger, vous disent les marins. Un moment après ils ajoutent : Pourtant le vieux Monier, le pilote du château, n'eut un jour que le temps de se jeter à la mer, laissant sa barque s'abîmer, et nagea quatre heures avant de se tirer du pertuis.

A travers ces causeries, on arrive, on amène le taillevent, on jette le câble, on pose le pont.

A droite une forteresse qui est une prison, à gauche une plage hideuse qui est la fièvre ; on débarque entre les deux.

De jolies servantes, charmantes avec leur immense coiffe blanche qu'elles portent avec grâce, vous attendent sur le musoir, prennent votre valise et votre sac de nuit et s'en vont devant vous.

Vous passez le long d'un rempart, au pied duquel fourmillent dans toutes les attitudes du travail quelques centaines d'hommes vêtus de gris, hâves, silencieux, gardés par des gendarmes, creusant des tranchées dans une vase infecte. Ce sont les condamnés au bou-

let, pauvres soldats, la plupart déserteurs par le mal du pays ; nostalgiques que la loi ne flétrit pas, qu'un code d'exception punit sévèrement, et qui viennent mourir là, quoiqu'ils ne soient pas condamnés à mort.

Tout en faisant ces réflexions, vous arrivez au *Cheval-Blanc*, qui est l'auberge du lieu. Une bonne auberge, puisque je dis tout. On vous introduit dans une vaste chambre blanchie à la chaux, au milieu de laquelle s'avance un grand lit à baldaquin faisant promontoire à la mode du dix-septième siècle. Les murs sont blancs, les draps sont blancs ; l'hôte est cordial, l'hôtesse est gracieuse ; tout convient et plaît en ce logis. Seulement ne regardez pas l'eau qu'on a mise dans votre pot à l'eau et qu'on appelle l'eau douce dans le pays.

Le soir de mon arrivée à Oléron, j'étais accablé de tristesse.

Cette île me paraissait désolée, sinistre, et ne me déplaisait pas. Je me promenais sur la plage, marchant dans les varechs pour éviter la boue. Je longeais les fossés du château. Les condamnés venaient de rentrer, on faisait l'appel, et j'entendais leurs voix répondre successivement à la voix de l'officier inspecteur qui leur jetait leurs noms. A ma droite les marais s'étendaient à perte de vue, à ma gauche la mer couleur de plomb se perdait dans les brumes qui masquaient la côte.

Je ne voyais dans toute l'île d'autre créature humaine qu'un soldat en faction, immobile à la corne d'un retranchement et se dessinant sur le brouillard. A peine pouvais-je distinguer au loin à l'horizon la petite forteresse, isolée dans la mer entre la terre et l'île, qu'on appelle le Pavé. Aucun bruit au large, aucune voile, aucun oiseau. Au bas du ciel, au couchant, apparaissait une lune énorme et ronde qui semblait dans ces brumes livides l'empreinte rougie et dédorée de la lune.

J'avais la mort dans l'âme. Peut-être voyais-je tout à travers mon accablement. Peut-être un autre jour, à une autre heure, aurais-je eu une autre impression. Mais ce soir-là tout était pour moi funèbre et mélancolique. Il me semblait que cette île était un grand cercueil couché dans la mer et que cette lune en était le flambeau.

NOTE

———

Le 8 septembre, Victor Hugo écrivait :
« J'avais la mort dans l'âme. » — « Ce soir-là, tout était pour moi funèbre. » — « Il me semblait que cette île était un grand cercueil couché dans la mer. »

Le lendemain, Victor Hugo, fuyant l'île malsaine où il avait vécu sous cette oppression, était à Rochefort. En attendant le départ de la diligence, il entra dans un café, où il demanda de la bière. Ses yeux tombèrent sur un journal.

Tout à coup, un témoin le vit pâlir, porter la main à son cœur comme pour l'empêcher d'éclater, se lever, sortir de la ville et marcher comme un fou le long des remparts.

Le journal qu'il avait lu racontait la catastrophe de Villequier.

Cinq jours auparavant — le 4 septembre 1843 — sa fille Léopoldine avait péri dans une promenade sur la Seine.

Elle était mariée, depuis six mois à peine, à Charles Vacquerie, qui, ne pouvant la sauver, avait voulu mourir avec elle.

Ils sont enterrés à Villequier, dans le même cercueil.

C'est ainsi que fut interrompu le voyage des Pyrénées. Le malheureux père revint précipitamment à Paris.

On a lu, et on lira éternellement, dans les *Contemplations*, les admirables et douloureux poèmes intitulés : Pauca meæ.

TABLE

ALPES

1839

PYRÉNÉES

1843

DESSINS DE VICTOR HUGO

Le Charnier, à Bordeaux. — Dessin de Decamps. — Page 17

PARIS. — IMP. DE LA SOC. ANON. DE PUBL. PÉRIOD. — P. MOUILLOT. — 46605.

www.ingramcontent.com/pod-product-compliance
Lightning Source LLC
Chambersburg PA
CBHW060604100426
42744CB00008B/1305